지금 붙들고 싶은 이 말씀

아무것도 염려하지 말라

ANXIOUS FOR NOTHING
by Max Lucado

Originally published in English as *Anxious for Nothing*
Copyright ⓒ 2017 by Max Lucado

Published by arrangement with Thomas Nelson,
a division of HarperCollins Christian Publishing, Inc.
through rMaeng2, Seoul, Republic of Korea.
All rights reserved.

This Korean translation edition Copyright ⓒ 2018 by Word of Life Press,
Seoul, Republic of Korea

이 한국어판의 저작권은 알맹2 에이전시를 통하여
Thomas Nelson과 독점 계약한 생명의말씀사에 있습니다. 신저작권법에
의하여 한국 내에서 보호 받는 저작물이므로 무단 전재와 무단 복제를 금합니다.

아무것도 염려하지 말라

ⓒ 생명의말씀사 2018

2018년 1월 30일 1판 1쇄 발행
2025년 6월 13일   9쇄 발행

펴낸이 | 김창영
펴낸곳 | 생명의말씀사

등록 | 1962. 1. 10. No.300-1962-1
주소 | 서울시 종로구 경희궁1길 6 (03176)
전화 | 02)738-6555(본사) · 02)3159-7979(영업)
팩스 | 02)739-3824(본사) · 080-022-8585(영업)

기획편집 | 유영란
디자인 | 박소정, 조현진
인쇄 | 영진문원
제본 | 다온바인텍

ISBN 978-89-04-16614-5 (03230)

저작권자의 허락 없이 이 책의 일부 또는 전체를
무단 복제, 전재, 발췌하면 저작권법에 의해 처벌을 받습니다.

지금 붙들고 싶은 이 말씀

아무것도
염려하지
말라

Anxious for Nothing

맥스 루케이도

박상은 옮김

Max Lucado

생명의말씀사

추천의 글

"나는 맥스 루케이도의 신작 『아무것도 염려하지 말라』를 사랑한다. 성경은 염려라는 주제에 대해 매우 분명하게 말해 준다. 이 책에서 루케이도는 우리의 일상을 지배하고 또 파괴할 수 있는 스트레스를 다루는 방법을 아름답게 그리고 구체적으로 그리고 있다."
_ 앤디 스탠리. 목사 겸 저술가, 노스포인트선교회 설립자

"좋다, 인정한다. 나는 요즘도 부활절이 다가오면 설교에 사용할 예화를 구하려고 맥스 루케이도의 『구원자 예수』를 집는다. 그는 우리 시대 가장 활발하고 힘 있는 이야기꾼 중 하나이다. 이 책을 읽는 동안 다음 글귀가 눈에 들어왔다. '당신은 당신의 마음이라는 공항의 관제사가 될 수 있다. 관제탑에 앉아 생각이라는 항공기의 이착륙을 조정할 수 있다.' 근사하지 않은가! 오직 루케이도만이 이렇게 쓸 수 있다. 처음부터 끝까지, 한 글자도 빠뜨리지 말고 읽기 바란다!"
_ 리치 윌커슨. 트리니티교회 담임목사

"맥스 루케이도는 마치 우리 한 사람 한 사람을 그의 집 거실에 초대해 하나님 말씀에 대해 정직하고 그리스도 중심적인 대화를 나누는 듯하다. 이 책에서 저자는 우리 모두에게 커다란 영향을 미치는 주제를 다루고 있다. 그는 당신을 걱정과의 전쟁에서 승리하도록 이끌 것이다."
_ 보비 휴스턴. 힐송교회 공동 담임목사

"두려움 없이 살 수 있다면 얼마나 좋을까? 아무 염려 없이 살 수 있다면 얼마나 좋을까? 좋은 소식은 그렇게 사는 것이 가능하며 또 하나님의 말씀에 그 답이 있다는 것이다. 맥스 루케이도는 신작 『아무것도 염려하지 말라』에서 성경을 활용하여 염려와 걱정과 두려움에서 벗어나 소망과 평안과 믿음으로 가득한 삶을 살아가는 방법을 이야기한다."
_ 로버트 모리스. 게이트웨이교회 담임목사, 『축복된 삶』 저자

"'강하고 담대하라……'는 주님이 여호수아에게 개인적으로 하신 말씀이다. 비록 승리를 확신하기는 했지만 여호수아는 인간적으로 불안을 느꼈다. 오늘날의 당신 역시 불안할 것이다. 하나님은 당신에게 개인적으로 말씀하시며, 맥스는 이것을 분명하고 이해하기 쉽게 설명해 준다. 이 책은 당신의 용기를 북돋을 것이다."
_ 카터 콜론. 타임스퀘어교회 담임목사, 『두려움에 속지 말라』 저자

"두려움과 불안으로 가득한 세상에서 베스트셀러 작가 맥스 루케이도는 우리에게 혼돈을 넘어서는 내면의 평안을 상기시킨다. 소란스러운 일상을 살아가면서 꼭 읽어야 할 책이다."
_ A. R. 버나드. 목사, 크리스천문화센터 설립자

"내게 염려는 극복하기 위해 애써야 하는 그 무엇이었다. 빌립보서는 내가 염려라고 하는 짐승의 접근을 막는 데 도움이 되었다. 그리고 이 책은 염려의 강력한 힘을 마비시키는 방법을 알려 준다. 고마워요, 맥스. 우리가 처한 상황보다 강하시고 우리가 안고 있는 문제보다 크시고 날마다 우리에게 평안을 주실 수 있는 분을 보여 주어서."
_ 데이브 스톤. 사우스이스트크리스천교회 담임목사

"염려는 결코 좋은 쪽으로 작용하지 않는다. 이것이 모든 세대 모든 사람이 염려의 파괴적인 힘을 아는(그리고 극복하는) 데 도움이 되는 무언가를 필요로 하는 이유이다. 루케이도의 성경적인 접근은 당신이 다시금 자기 삶을 컨트롤하고 혼란스러운 내면을 평온하게 하는 데 필요한 수단을 제공한다."
_ 크리스 브라운. 재무설계사 겸 목사, 램지솔루션 대변인

"이 책은 혼돈의 시대를 살아가는 모든 사람에게 심오하고 예언적인 메시지를 전한다. 저자는 우리가 매사에 하나님을 신뢰할 수 있음을 상기시킨다. 하나님은 선하시고, 선을 행하시며, 모든 것이 합력하여 선을 이루게 하시는 분이다. 두려움과 공포, 불확실성은 너무나 많은 사람들의 영혼을 불구로 만들지만, 이 책은 당신이 믿음과 소망을 가지고 미래를 향해 나아가도록 도울 것이다."
_ 크리스틴 케인. A21 & 프로펠위민 설립자

"맥스 루케이도는 수십 년간 작가이자 교사로서 성공적인 삶을 살아왔음에도 거기에 안주하지 않고 늘 독자들이 있는 바로 그 지점에서 독자들을 만난다. 이 책에서 맥스는 염려의 위력을 인정하면서도 염려를 극복할 희망이 있음을 상기시킨다."
_ 데이브 램지. 베스트셀러 작가 겸 라디오 진행자

차례

추천의 글   04
들어가는 글   염려가 유성우처럼 쏟아질 때   10

Celebrate / 1부   하나님의 선하심 찬양하기
"주 안에서 항상 기뻐하라"

1장. 상황을 통제하지 못한다는 불안   32
: 하나님의 주권 안에서 기뻐하라

2장. 인류 최초의 염려, 죄책감   56
: 하나님의 자비 안에서 기뻐하라

3장. 의미를 알 수 없는 고난의 시기   76
: 하나님의 섭리 안에서 기뻐하라

Ask / 2부   하나님의 도우심 구하기
"너희 구할 것을 하나님께 아뢰라"

4장. 압박 상황에서 평온을 지키는 법   102
: 하나님이 함께하심을 기억하라

5장. 기도로 포장된 평안에 이르는 길   120
: 염려를 구체적으로 하나님께 아뢰라

Leave / **3부 하나님께 염려를 맡기기**
"감사함으로 하나님께 아뢰라"

6장. "만약 ~하기만 하다면" 강 떠나기   138
: 주께 감사함으로 걱정을 질식시키라

7장. 그럼에도 두려움을 피할 수 없을 때   152
: 하나님이 당신에게 말씀하시게 하라

Meditate / **4부 선한 것들을 생각하기**
"가치가 있는 것들에 마음을 쏟으라"

8장. 꼬리에 꼬리를 무는 부정적인 생각   178
: 무엇을 생각하고 있는지 생각하라

9장. 그리스도인답게 살아야 한다는 부담   194
: 하나님께 붙어 있는 데 목표를 두라

나가는 글   예수님도 염려와 싸우셨다   **214**

들어가는 글　염려가 유성우처럼 쏟아질 때

염려는 정도가 약한 두려움이다. 불안과 초조다. 좀처럼 울부짖음을 그치지 않는 차가운 바람이다.

폭풍이라기보다는 폭풍이 몰려온다는 확신이다. 언제든 폭풍이 몰아칠 것만 같은 느낌이다. 화창한 날은 잠깐의 휴지기일 뿐이다. 그리하여 당신은 편히 쉬지 못한다. 경계 태세를 늦추지 못한다. 모든 평안은 일시적인 것이기에.

실제로 곰이 나타난 것도 아닌데 당신은 곰을 한두 마리, 아니 열 마리쯤 본 것 같다. 보이는 나무마다, 굽이굽이마다 곰이 숨어 있을 것 같다. 곰이 금방이라도 어둠 속에서 뛰쳐나와 엄니를 드러내고 당신을 집어삼킬 것 같다. 당신의 가족과 친구들, 은행 계좌, 애완동물, 나라까지 함께.

'무언가 문제가 있어!' 당신은 깊이 잠들지 못한다.

당신은 자주 웃지 않는다.
햇빛을 즐기지 않는다.
걸을 때 휘파람을 불지 않는다.

그리고 다른 사람들이 웃거나 휘파람을 불 때 당신은 묘한 눈빛으로 그들을 쳐다본다. '순진한 사람 같으니…….' 심지어 그들에게 말을 건네기도 한다. "뉴스 보지 못하셨어요?" "소식 듣지 못하셨어요?" "연구 결과를 보지 못하셨어요?"

비행기가 추락하고, 주식시장이 폭락한다. 테러리스트가 활개 치고, 선량한 시민이 악인이 된다. 내키지 않는 일의 뒤처리를 해야 하고, 무심코 지나친 불합리한 계약 조건을 뒤늦게 발견한다. 잠복해 있던 불운이 모습을 드러내는 것은 시간문제다.

염려는 '만약 ~하면(what-if)'의 유성우다. 만약 거래가 성사되지 않으면 어쩌지? 만약 보너스가 안 나오면 어쩌지? 만약 아이에게 치열 교정을 해줄 형편이 안 되면 어쩌지? 아이가 들쑥날쑥한 치열 때문에 친구가 없거나 취직을 못 하거나 결혼을 못 하면 어쩌지? 아이가 노숙자가 되면 어쩌지? 노숙자가 되어 '부모님이 치열 교정을 해줄 형편이 안 됐어요!'라고 적힌 팻말을 들고 있으면 어쩌지?

염려는 근심이다.

염려는 의심이고 걱정이다. 염려는 걱정으로 인해 제대로 살지 못하게 한다. 늘 해적선에 붙들려 있는 듯한 기분이 들게 한다.

염려에 휩싸인 당신은 비관적이고 염세적이다. 하늘이 무너지는데, 특히 당신 위로만 무너져 내리는 듯한 기분이다.

그 결과 당신은 걱정이 많아진다. 늘 두려움 가운데 있으며, 무언가 안 좋은 일이 일어날 것 같은 막연한 불안감에 사로잡힌다.

염려와 두려움은 사촌 간이지만 쌍둥이는 아니다. 두려움은 무서운 것을 보지만 염려는 무서운 것을 상상한다.

두려움은 소리 지른다. '사라져!'

염려는 생각한다. '만약 ~하면 어쩌지?'

두려움은 우리를 싸우게 하거나 달아나게 한다. 염려는 우울과 불운을 불러온다. 두려움은 집 앞마당에 똬리를 튼 방울뱀을 보았을 때 요동치는 맥박이다. 염려는 '절대 맨발로 잔디를 밟아서는 안 돼. 뱀이 있을지도 몰라.' 하고 말하는 목소리다.

언젠가 하와이에서 외지인을 지칭하는 말인 '하울리(haole)'의 유래에 대해 들은 적이 있다. 하울리는 '무호흡'을 의미하는 하와이 토속어인데, 훗날 1820년대에 하와이로 이주한 유럽 이민자들을 일컬어 하울리라 부르게 되었다.[1] 이 단어에 대한 다양한 설명 중에서

---

[1] '하울리'는 외지인, 특히 백인을 일컫는 하와이 토속어다. '하'는 '숨' 또는 '영혼'을 의미하고 '울리'는 '없음'을 의미한다. 어떤 사람들은 하와이에 선교사들이 처음 도착했을 때 이 단어가 생겨났다고 믿는다. Kapehu Retreat House, "Hawaiian Words," www.kapehu.com/hawaiian-words.html.

도 나는 특히 한 원주민이 들려준 다음과 같은 설명이 마음에 든다. "우리 조상들은 이주민들이 늘 농장과 목장, 항구를 건설하느라 바쁘다고 생각했어요. 하와이 원주민들에게 그들은 늘 숨 가빠 보였지요."

확실히 염려는 우리의 숨을 앗아간다. 숨만 앗아가면 좋으련만 잠도 앗아가고 에너지도 앗아간다. 우리의 안녕도 앗아간다. 시편 기자는 "안달하며 걱정하지 말아라. 이것은 악으로 치우칠 뿐이다."(시 37:8, 현대인의 성경)라고 썼다. 염려는 우리의 건강을 해친다. 목과 턱, 허리에 부담을 주고 장기를 손상시킨다. 염려는 우리의 정서에도 영향을 미쳐서 눈가에 경련이 일게 하고, 혈압을 올리고, 두통을 유발하고, 겨드랑이에 땀이 차게 한다. 염려가 어떤 결과를 불러오는지 알고 싶다면 의학 교과서에 나오는 질병의 절반가량만 읽어 보아도 충분할 것이다.

염려는 우습게 볼 게 아니다.

당신이나 혹은 당신이 아는 누군가는 불안 장애로 몹시 힘든 상황일 수 있다. 미국 국립정신건강연구원(National Institute of Mental Health)에 의하면 불안 장애는 전염병과 같은 속도로 번지고 있다. 한 해에 약 5천만 명의 미국인이 공황 발작이나 공포증 및 그 밖의 불안 장애에 시달린다. 불안 장애를 앓으면 가슴이 죄고 현기증이 난다. 사람이 많은 곳을 두려워하고 사람들을 피하게 된다. "미국에서 불안 장애는 여성의 경우 정신 건강을 위협하는 질환 1위이고, 남성의 경우 알코올과 마약 중독에 이은 2위이다."[2]

"미국은 지금 전 세계에서 가장 불안이 심한 나라다."[3] 미국은 스트레스와 경쟁의 나라가 되었다. 그리고 여기에는 엄청난 손실이 따른다. "미국은 스트레스와 관련한 질환으로 해마다 3천억 달러의 의료비가 지출되고 생산성이 감소하는 한편 신경안정제 사용량은 급격히 증가하는 추세에 있다. 미국인이 자낙스나 발륨 같은 신경안정제를 구입하는 데 드는 비용은 1997-2004년에만 9억 달러에서 21억 달러로 배 이상 증가했다."[4] 「미국의학협회지」(*Journal of the American Medical Association*)에 인용된 한 연구에 의하면 우울증 환자가 기하급수적으로 늘어나고 있다. 20세기 사람들은 각 세대별로 이전 세대 보다 약 세 배 더 많은 사람들이 우울증을 앓았다.[5]

어떻게 그럴 수 있는가? 자동차는 그 어느 때보다 안전하고, 음식과 물과 전기도 안정적으로 공급되는데……. 비록 거리에 갱들이 돌아다니지만 미국인은 즉각적인 공격을 당할 위험은 거의 못 느끼

---

2) Edmund J. Bourne, *The Anxiety and Phobia Workbook*, 5th ed. (Oakland, CA:New Harbinger, 2010), xi. (『불안 공황장애와 공포증 상담 워크북』, 학지사)

3) Taylor Clark, "It's Not the Job Market: The Three Real Reasons Why Americans Are Not More Anxious Than Ever Before." *Slate*, January 31, 2011, http://www.slate.com/articles/arts/culturebox/2011/01/its_not_the_job_market.html.

4) 앞의 글.

5) John Ortberg, *Soul Keeping: Caring for the Most Important Part of You* (Grand Rapids, MI: Zondervan, 2014), 46. (『내 영혼은 무엇을 갈망하는가』, 국제제자훈련원)

며 산다. 그러나 만약 염려가 올림픽 경기의 한 종목이라면 우리 미국인은 금메달을 따고도 남을 것이다.

아이러니하게도 다른 나라 국민들은 보다 행복한 삶을 누린다. 그들은 생필품이나 기본적인 편의시설이 더 부족한데도 불안 수준은 미국인의 5분의 1에 불과하다. "게다가 불안이 덜한 개발도상국 사람들이 미국으로 이민을 오면 미국인과 같은 정도의 불안을 경험한다. 그렇다면 우리의 특정한 생활양식과 관련한 무언가가 우리를 보다 덜 차분하게 만든다고 볼 수 있다."[6]

미국의 대학생들도 불안을 느낀다. 대학 신입생 20만 명을 대상으로 한 연구에서 "학생들은 전반적인 정신 건강과 정서 상태가 늘 불안정하다고 보고했다."[7] 심리학자 로버트 리히가 지적했듯 "오늘날 보통의 '아이'는 1950년대의 '정신과 환자'와 같은 정도의 불안 수준을 보인다."[8] 아이들은 그 어느 때보다 많은 장난감과 옷과 기회를 가지고 있지만 성인이 되어 집을 떠날 즈음에는 스스로를 이집트 미라보다 더 꽁꽁 싸매고 있다.

우리는 늘 신경이 곤두서 있다.

왜 그런가? 염려의 원인은 무엇인가?

---

6) Clark, "It's Not the Job Market."
7) 앞의 글.
8) Robert L. Leahy, *Anxiety Free: Unravel Your Fears Before They Unravel You* (Carlsbad, CA: Hay House, 2009), 4.

한 가지 원인으로 '변화'를 꼽을 수 있다. 연구자들은 서방 세계의 "환경과 사회 질서가 과거 300년보다 최근 30년간 더 많이 변화했다"고 본다.[9] 그렇다면 무엇이 달라졌을까? 우선 기술이 발전했고 인터넷이 등장했다. 지구 온난화와 핵전쟁, 테러 등의 위험이 높아졌다. 스마트폰과 TV, 컴퓨터 때문에 변화와 위협적인 요소들이 매 순간 우리의 일상에 유입되고 있다. 조부모 세대에는 네팔에 지진이 났다는 소식을 며칠이 지난 뒤에야 접했다. 부모 세대에는 저녁 뉴스를 통해 알았다. 요즘은 몇 분도 안 걸린다. 우리는 불행한 소식 듣기가 무섭게 또 다른 불행한 소식을 접한다.

게다가 우리는 이동 속도가 그 어느 때보다 빠르다. 우리 조상들은 해가 떠 있는 동안 말이나 낙타가 걸을 수 있는 만큼만 이동했다. 그러나 우리는 어떤가? 비행기를 타고 시간대가 다른 나라들을 마치 한동네처럼 여행한다. 증조부 세대에는 해가 지면 두뇌 활동을 멈춰야 했다. 그러나 우리는 뉴스를 시청하거나, 컴퓨터 앞에서 일을 하거나, 최근에 방영된 예능 프로그램을 본다. 나는 몇 년간 꾸준히 10시 뉴스를 시청해 왔다. 그런데 우리의 뇌는 살인 사건이나 재난에 관한 이야기를 시청한 후에는 곧바로 잠들기 어렵다.

그리고 개인적으로 겪는 시련도 있다. 당신이나 당신이 아는 누군가는 재산을 압류당하거나 암 투병 중이거나 이혼 소송을 진행

---

9) Bourne, *The Anxiety and Phobia Workbook*, xi

중이거나 알코올 중독과 싸우는 중일 수 있다. 혹은 파산했거나 사업을 정리하는 중일 수도 있다.

우리는 누구도 예외 없이 나이를 먹는다. 그리고 나이와 더불어 다양한 변화가 찾아온다. 나의 아내 데날린은 얼굴 사진으로 그 사람의 나이를 추정하는 앱을 발견했다. 데날린은 앱을 실행해 보고는 자신이 열다섯 살 더 젊게 나오는 것에 기뻐했다. 그러나 내 경우에는 다섯 살이 더 많게 나왔다. 다시 하니 이번에는 일곱 살이 더 많게 나왔다. 그다음에는 열 살이 더 많게 나왔다. 나는 죽은 사람으로 측정되기 전에 그만두었다.

사람들은 그리스도인이 염려로부터 자유로울 것이라고 생각한다. 하지만 그렇지 않다. 우리는 그리스도인의 삶은 평안해야 한다고 배운 까닭에 평안하지 못하면 우리에게 문제가 있다고 여긴다. 불안해할 뿐 아니라 불안해하는 데 대한 죄책감까지 느끼는 것이다. 그 결과 염려와 죄책감이 끝없이 반복되는 악순환에 빠진다.

그러나 염려만도 힘든 일이다.

사도 바울이 "아무 것도 염려하지 말라"(빌 4:6)고 했을 때 그에게 현실 감각이 없던 것은 아닐까 하는 의구심을 갖는 것만도 힘든 일이다.

염려를 덜하면 어떨까? 화요일에만 염려하거나 큰 시련이 닥쳤을 때에만 염려한다면? 그것만으로도 이미 충분히 힘든 일이다.

하지만 바울이 여기서 그런 여지를 둔 것 같지는 않다. 그는 아무것도 염려하지 말라고 했다. 아무것도! 그러나 과연 이것이 바울이 말하고자 한 본래의 뜻일까? 꼭 그런 것은 아니다. 바울은 이 문장을 현재형으로 썼다. 그는 '항구적인 염려'에 대해 말하고자 했던 것이다. 내 식으로 번역하면 "어떤 일을 겪든 그로 인해 늘 숨 가빠하고 염려하지는 말라."는 뜻이다. 염려 자체는 피할 수 없지만 염려에 갇히는 것은 각자의 선택에 달렸다.

염려는 죄가 아니라 감정이다(그러므로 염려하는 것을 염려하지 말라). 그러나 염려는 죄 된 행동을 불러오기도 한다. 힘자랑이나 술 파티로 두려움을 누를 때, 화산처럼 분노를 쏟아 낼 때, 우리의 두려움을 다른 사람들에게 퍼뜨릴 때 우리는 죄를 짓는 것이다. 독성이 강한 염려로 인해 배우자를 떠나거나 아이들을 방치하거나 계약을 파기하거나 다른 사람에게 상처를 주었다면, 조심하라. 예수님은 이렇게 말씀하셨다. "너희는 스스로 조심하라 그렇지 않으면…… 생활의 염려로 마음이 둔하여지리라"(눅 21:34). 당신은 생활의 염려로 마음이 둔해졌는가?

당신에게 다음과 같은 증상이 있는지 살펴보라.

- 전보다 더 적게 웃는가?
- 약속을 잡는 데 부담을 느끼는가?

- 당신을 잘 아는 사람들로부터 당신이 점점 더 부정적이고 비판적이 되어 간다는 말을 듣는가?
- 무언가 나쁜 일이 생길 것만 같은가?
- 기쁜 소식을 들었을 때 당신의 현실 인식에 기초한 부정적인 생각으로 기쁨을 희석하는가?
- 몇날 며칠 침대에 누워 있고 싶은가?
- 부정적인 면을 확대하고 긍정적인 면을 도외시하는가?
- 가능하다면 평생 다른 사람과 어울리지 않고 혼자 있고 싶은가?

만약 질문에 대한 답이 대부분 '그렇다'이면 당신에게 소개하고픈 친구가 있다. 아니, 실은 읽히고 싶은 성경 구절이 있다. 나는 너무나 자주 읽어서 나와는 오래전부터 친구가 된 성구들이다. 나는 이 말씀을 성구 명예의 전당에 올리고 싶다. 시편 23편과 주기도문, 요한복음 3장 16절 말씀이 걸려 있는 성구 명예의 전당에는 빌립보서 4장 4-8절 말씀도 함께 있어야 한다.

주 안에서 항상 기뻐하라 내가 다시 말하노니 기뻐하라 너희 관용을 모든 사람에게 알게 하라 주께서 가까우시니라 아무 것도 염려하지 말고 다만 모든 일에 기도와 간구로, 너희 구할 것을 감사함으로 하나님께 아뢰라 그리하면 모든 지각에 뛰어난 하나님의 평강이 그리스도 예수 안에서 너희 마음과 생각을 지키시리라 끝으로 형제들아 무엇에든지 참되며 무엇에든지 경건하며 무엇에든지 옳으며 무엇에든지 정결하며 무엇에든지 사랑 받을 만하며 무엇에든지 칭찬 받을 만하며 무슨 덕이 있든지 무슨 기림이 있든지 이것들을 생각하라.

네 가지 권고를 담은 다섯 개의 성경 구절이 하나의 놀라운 약속, "모든 지각에 뛰어난 하나님의 평강이 그리스도 예수 안에서 너희 마음과 생각을 지키시리라"(7절)로 연결된다. 아래에 네 가지 권고를 적어 보았다.

- **하나님의 선하심을 찬양하라.** "주 안에서 항상 기뻐하라"(4절).
- **하나님의 도우심을 구하라.** "너희 구할 것을……"(6절).
- **하나님께 염려를 맡기라.** "감사함으로 하나님께 아뢰라"(6절).
- **선한 것들을 생각하라.** "무엇에든지 참되며… 경건하며… 옳으며… 정결하며… 사랑 받을 만하며… 칭찬 받을 만하며 무슨 덕이 있든지… 이것들을 생각하라"(8절).

이는 '찬양하라'(**C**elebrate), '구하라'(**A**sk), '맡기라'(**L**eave), '생각하라'(**M**editate)로 요약할 수 있는데, 그 머리글자를 합하면 CALM이 된다.

당신은 평온(calm)을 활용할 수 있는가? 만약 그렇다면 당신은 혼자가 아니다. 아마존 킨들에서 가장 인기 있는 책은 성경이다. 그리고 빌립보서 4장 6-7절은 가장 많이 하이라이트 되는 구절이다.[10] 우리 모두는 위안이 되는 성구를 활용할 수 있다.

하나님은 기꺼이 위안이 되는 말씀을 주신다.

하나님께 도움을 청하면 밤에 보다 잘 잘 수 있고 미소로 아침을 맞이할 수 있다. 두려움을 다루는 방법을 달리할 수 있고, 자살 충동에서 벗어날 수 있으며, 하나님의 주권이라는 렌즈를 통해 나쁜 소식을 바라볼 수 있다. 사탄의 거짓말을 알아차릴 수 있고, 상황을 바로 볼 수 있다. 평온을 찾고 염려의 습격에 맞설 도구를 개발할 수 있다.

이를 위해서는 우리 쪽에서의 노력도 필요하다. 기운을 북돋는 한마디로 염려를 떨쳐버릴 수 있다는 인상을 주고 싶지는 않다. 사실 어떤 사람들의 경우 상담 치료를 받고 약물을 복용하는 것도 하나님의 도우심에 포함된다. 만약 당신이 그런 경우라면 단 한순간도 스스로를 천국의 2등 시민으로 여기는 일이 없도록 하라. 그보다는 잘 치료해 줄 상담가나 의사를 만나게 해달라고 하나님께 청하라.

---

10) Joel J. Miller, "The Secret Behind the Bible's Most Highlighted Verse," *Theology That Sticks* (blog), AncientFaith.com, August 24, 2015, http://blogs.ancientfaith.com/joeljmiller/bibles-most-highlighted-verse/.

이것만은 확실하다. 당신이 염려하며 사는 것은 하나님의 뜻이 아니다. 당신이 염려와 두려움으로 하루하루를 맞이하는 것은 하나님이 원하시는 바가 아니다. 염려는 숨을 가쁘게 하고 걱정은 마음을 나눠지게 한다. 하나님은 당신이 염려와 걱정으로 가득한 삶 이상의 보다 나은 삶을 살기 원하신다. 하나님은 당신의 삶이라고 하는 책의 새로운 장을 펼치시고 그 안에 새롭게 무언가를 써내려갈 준비가 되어 있으시다.

내게는 어린 시절의 소중한 추억이 있다. 우리 아버지는 옥수수빵과 우유를 좋아하셨다. (내가 텍사스 서부 작은 마을에서 자랐다는 게 상상이 되는가?) 매일 밤 10시쯤이면 아버지는 주방으로 가서 옥수수빵을 가루로 만들어 우유에 탔다. 그러고는 반바지에 티셔츠 차림으로 싱크대 앞에 서서 그것을 마시고는 했다.

그런 다음 마당을 한 바퀴 돌며 대문과 뒷문이 제대로 잠겼는지 확인했다. 모든 게 안전하다고 확인이 되면 우리 형제의 방에 와서 "애들아, 모든 게 안전하니 이제 그만 자거라." 하고 말씀하셨다.

하나님이 옥수수빵과 우유를 좋아하신다는 뜻이 아니다. 하나님은 자기 자녀들을 사랑하신다는 뜻이다. 하나님은 당신이 사는 세상을 두루 살피시고 당신의 삶을 모니터링 하신다. 하나님은 문이 잠겨 있는지 확인하실 필요가 없다. 사실 그분 자신이 문이다. 하나님의 허락 없이는 당신에게 아무 일도 일어나지 않는다.

가만히 귀 기울이면 하나님이 이렇게 말씀하시는 게 들릴 것이다. "모든 게 안전하니 이제 편히 쉬려무나." 하나님의 권능으로 당신은 아무것도 염려하지 않고 "모든 지각에 뛰어난 하나님의 평강"을 발견하게 될 것이다.

빌립보서 4장 4-9절을 읽으십시오.

혼돈에 맞서기

1. 저자는 염려를 '정도가 약한 두려움', '초조', '막연한 불안감' 등으로 묘사하고 있습니다.

- 비록 염려에 시달린 적은 없을지라도 위의 묘사 중 공감 가는 것이 있습니까? 만약 있다면 어떤 것입니까?

- 한동안 염려를 느낀 적이 있다면 위의 묘사 중 어떤 것이 가장 와 닿으며, 그 이유는 무엇입니까?

2. 경험을 토대로 '염려'를 정의해 보십시오. 염려는 당신의 삶에 어떤 역할을 합니까?

3. "염려와 두려움은 사촌 간이지만 쌍둥이는 아니다."라는 저자의 말에 동의합니까? 염려와 두려움은 당신의 삶 가운데 어떻게 나타납니까?

4. 당신의 개인적인 염려를 정리해 보십시오. 그날그날 염려가 다르다면 현재 생각과 마음을 차지하는 염려에 초점을 맞추십시오.

- 밤에 잠 못 들게 하거나 새벽에 깨어나게 하는 것은 무엇입니까?

- 주의를 흩뜨려 당면 과제에 집중하지 못하게 하는 것은 무엇입니까?

- 당신의 가슴을 죄는 것은 무엇입니까?

평안을 택하기

5. 그리스도인의 삶은 평안해야 하며, 평안하지 못하면 문제가 있는 것이라 여겨 왔습니까? 그렇다면 빌립보서 4장 4-9절을 읽고 어떤 느낌이 듭니까?

- 동기 부여가 됩니까? 낙심이 됩니까? 불가능하다고 느껴집니까?

6. 이 장에서는 염려의 네 가지 원인으로 변화, 삶의 속도, 개인적인 시련, 나이 듦을 들고 있습니다.

- 변화로 인해 염려를 느꼈던 때를 생각해 보십시오. 변화의 어떤 점이 염려를 자아냅니까?

- 현재 당신의 삶의 속도를 생각해 보십시오. 당신은 그 속도를 따라가기 위해 안간힘을 쓰는 중입니까? 당신이 해야 할 일의 목록에는 의무감에서 하거나 필요한 사람이 되기 위해 하는 일이 몇 가지나 됩니까? 그중에 하지 않아도 되는 일은 없습니까? 그런 일이 있다면 그 이유는 무엇이고, 없다면 그 이유는 무엇입니까?

- 때로 개인적인 시련은 꽤 오래 이어지거나 평생 가기도 합니다. 그러기에 시련을 다루는 일은 중요합니다. 당신의 염려는 무엇입니까? 통제할 수 없는 일입니까? 날마다 그 일을 위해 기도하고 있습니까?

- 나이 듦과 관련해 가장 두려운 것은 무엇입니까? 나이 듦에 대해 성경이 무엇이라 말하는지(잠 16:31, 사 46:4, 욥 12:12) 생각해 보십시오. 세상의 말과 다르게 들립니까? 어떻게 다르게 들립니까?

7. 잠언 3장 5-6절, 마태복음 11장 28-30절, 요한복음 14장 27절, 시편 55편 22절, 베드로전서 5장 6-7절, 시편 23편 4절을 읽고 그 안에 있는 약속에 주목하십시오.

- 이러한 약속들은 미래에 대한 당신의 시각을 어떻게 변화시킵니까?

- 이러한 약속들은 당신이 느끼는 염려와 비교해 하나님의 권능에 대해 무엇이라 말합니까?

8. '찬양하라(Celebrate),' '구하라(Ask),' '맡기라(Leave),' '생각하라(Meditate)의 머리글자인 'C.A.L.M.'을 눈에 잘 띄는 곳에 붙여 놓고 "그리스도 예수 안에서 너희 마음과 생각을 지키실 하나님의 평강"을 기억하십시오.

- 하나님의 선하심을 찬양하십시오. "주 안에서 항상 기뻐하라"(빌 4:4). 오늘 하나님의 선하심에 대한 당신의 기쁨을 어떻게 표현하고자 합니까?

- 하나님의 도우심을 구하십시오. "너희 구할 것을 하나님께 아뢰라"(빌 4:6). 기도 일기를 쓰지 않는다면 오늘부터 쓰기 시작하십시오. 오늘 하나님께 구할 것에서부터 시작하십시오.

- 하나님께 염려를 맡기십시오. "감사함으로 하나님께 아뢰라"(빌 4:6). 밤에 잠자리에 들 때 오늘 아침에 하나님께 맡긴 염려를 떠올려 보십시오. 걱정스러운 생각을 없애 주신 하나님께 감사하십시오.

- 선한 것들을 생각하십시오. "선함을 추구하며 가치가 있는 것들에 마음을 쏟으라"(빌 4:8, 쉬운성경). 오늘 해야 할 일을 계획할 때 하나님과 단 둘이 보내는 시간을 포함시키십시오.

주님.

주님은 폭풍에게 잠잠하라고 하셨으니 우리 인생의 폭풍에게도 그렇게 말씀해 주소서. 주님은 제자들의 마음을 평온하게 하셨으니 우리 안에 이는 혼돈의 소용돌이도 잦아들게 하소서. 주님은 제자들에게 두려워 말라고 하셨으니 우리에게도 그렇게 말씀해 주소서. 우리는 걱정에 짓눌리고 세파에 시달려 괴롭습니다. 오 평강의 왕이시여, 우리에게 평안을 주소서.

우리의 불안을 잠재우고 용기를 북돋워 주소서. 염려가 줄어들고 믿음이 자라게 하소서.

예수님 이름으로 기도드립니다. 아멘.

C ELEBRATE GOD'S GOODNESS
A SK GOD FOR HELP
L EAVE YOUR CONCERNS WITH HIM
M EDITATE ON GOOD THINGS

Celebrate

1부 하나님의 선하심 찬양하기

"주 안에서 항상 기뻐하라" (빌 4:4)

1장

상황을 통제하지 못한다는 불안

: 하나님의 주권 안에서 기뻐하라

나는 캠핑을 좋아하는 집안에서 자랐다. 아버지가 생각하는 근사한 휴가는 산과 계곡, 텐트와 침낭이 있는 휴가였다. 휴가철에 다른 집들은 대도시로 관광을 떠나거나 테마파크로 놀러 갔지만 우리 집은 로키산맥으로 향했다.

나는 이 같은 전통을 아이들에게 물려주려고 했지만 잘 되지 않았다. 우리가 생각하는 휴가란 대체로 친척 집에 머무는 것이다. 우리는 캠프파이어를 좋아하지만, 그것은 다른 누군가가 캠프파이어를 설치해 주고 룸서비스를 이용할 수 있는 한에서만 그렇다. 나는 아버지처럼 체력이 강한 편이 못 된다.

아버지는 캠핑을 좋아하는 만큼이나 캠핑 장비를 좋아했다. 내가 아홉 살이 되던 해의 어느 날, 아버지는 군용 물품을 파는 가게에서 텐트를 사왔다.

간이침대 열두 개가 들어갈 정도로 커다란 텐트였다. 물론 커다란 텐트에는 튼튼한 폴 대가 필요하다. 이 텐트에는 튼튼한 폴 대가 두 개 있었다. 보통 크기의 텐트에 딸려 오는 가늘고 탄성이 좋은 알루미늄 폴 대와는 차원이 달랐다. 주철로 만들었는데 어른 팔뚝만큼 두꺼웠다. 모양은 그리 근사하지 않았다. 지퍼 달린 문도 없고 모기장도 없었으며, 얼룩무늬 디자인도 아니었다. 하지만 견고했다. 강풍이 불든 폭우가 쏟아지든 어떤 악천후 속에서도 끄떡없었다.

한번은 아버지의 여덟 형제와 콜로라도 주 에스테스 파크(Estes Park, 로키 산 국립공원의 일부-역주)에서 캠핑을 했는데, 갑자기 하늘이 어두워지면서 폭풍우가 몰아쳤다. 굵은 빗줄기에 땅이 파였고 강풍에 소나무가 휘었다. 모두 자기 텐트로 뛰어 들어갔다. 그러나 다음 순간 허둥지둥 텐트를 빠져나와 우리 텐트로 몰려왔다. 우리 텐트에는 튼튼한 주철 폴 대 두 개가 있었기 때문이다.

나는 우리가 이런 폴 대를 사용할 수 있으리라 생각한다. 세상에는 종종 사나운 바람이 일어난다. 이런 바람으로부터 안전하게 보호받고 싶지 않은 사람이 누가 있겠는가?

우리가 경험하는 폭풍우가 비와 바람뿐이면 좋겠지만, 우리의 폭풍우는 'D'로 시작하는 네 가지, 즉 고난(Difficluties)과 이혼(Divorce), 질병(Disease), 죽음(Death)으로 이루어져 있다. 이런 폭풍우를 피할 곳을 아는 사람이 있는가?

사도 바울은 피할 곳을 알았다. 염려를 누구보다 잘 아는 사람이 있다면, 그는 바로 사도 바울일 것이다. 지금으로부터 2천 년 전으로 거슬러 올라가 로마 감옥에서 창밖을 내다보는 한 노인을 상상해 보자.

바울은 예순 살쯤 되었다. 30년간 그리스도인으로 살면서 지중해 일대에 그의 발길이 닿지 않은 항구가 거의 없을 정도로 여러 도시를 돌아다녔다.

바울의 등이 얼마나 굽었는지 보이는가? 그의 몸은 이곳저곳이 뒤틀려 있다. 수천 킬로미터를 걸은 데다 매를 많이 맞은 탓일 것이다. 바울은 서른아홉 대의 매를 다섯 번이나 맞았으며 세 번은 몽둥이로 맞았다. 그 때문에 불룩 튀어나온 정맥 같은 흉터가 온몸에 거미줄처럼 퍼져 있다. 죽은 것으로 오인당하고 성 밖에 버려진 적도 있었다. 바울은 감옥에 갇히고 동료들에게 버림받았으며, 파선과 폭풍우와 굶주림을 견뎠다.

바울은 글자를 알아보기 힘들 정도로 시력이 나쁘다(갈 4:15). 게다가 로마 황제 앞에서 열리는 재판을 앞두고 있다. 네로는 그리스도인들을 죽여 로마 시민의 환심을 사는 법을 터득했는데, 바울은 특히 잘 알려진 그리스도인이다.

마치 로마의 박해만으로는 부족하다는 듯이 어린 교회들까지 바울을 힘들게 한다. 교인들 간에 파가 갈리고, 목회자들이 시기와 다툼으로 그리스도를 전하는 것이다(빌 1:15-17).

바울의 미래는 그가 갇힌 감옥만큼이나 어둡다.

그러나 그의 편지를 읽어 보면 그가 막 자메이카 해변의 호텔에 도착한 것처럼 생각될 정도이다. 바울이 빌립보 교인들에게 보내는 편지에는 두려움이나 불만을 나타내는 말이 없다. 단 하나도! 바울은 결코 하나님을 향해 주먹을 흔들지 않는다. 오히려 하나님께 감사를 올리고 빌립보 교인들에게도 똑같이 하도록 권한다.

"주 안에서 항상 기뻐하라 내가 다시 말하노니 기뻐하라"(빌 4:4). 염려에 대한 바울의 처방은 기뻐하라는 말로 시작한다.

여기서 바울은 독자의 주의를 끌고자 다양한 도구를 사용한다. 먼저, 현재 시제를 사용해 지속적, 습관적으로 기뻐하라는 뜻을 전달한다.[1] 그리고 시제만으로 부족할 경우를 대비해 기한을 없앤다. "주 안에서 '항상' 기뻐하라." 또한 시제와 '항상'만으로 부족할 경우를 대비해 다시 한 번 반복한다. "내가 '다시' 말하노니 기뻐하라."

하지만 어떻게 해야 이 말대로 할 수 있을까? 늘 기뻐하라니, 한 순간도 빠뜨리지 않고 늘 기쁜 마음을 유지하는 게 가능한가? 불가능하다. 바울의 말은 그런 뜻이 아니다. 바울은 "'주 안에서' 기뻐하라"고 말한다. 이는 늘 기쁨의 감정을 느끼라는 것이 아니다. 하나님이 계시며 그분이 만물을 다스리신다는 것 그리고 하나님은 선하시다는 것을 굳게 믿으라는 뜻이다.

바울은 이 같은 믿음을 굳게 붙들었다. 그는 자기 영혼의 중심에 주철로 된 폴 대를 세웠다. 네로가 분노하든 어떻든, 목회자들이 이

---

1) John MacArthur Jr., *Philippians*, The MacArthur New Testament Commentary (Chicago: Moody Press, 2001), 273.

기적인 마음으로 설교를 하든 어떻든, 폭풍우가 몰아치든 어떻든 바울의 믿음의 텐트는 결코 무너지지 않을 터였다. 탄탄한 신념 체계가 텐트를 지지하고 있기 때문이다.

당신의 텐트는 얼마나 튼튼한가?

당신의 영혼을 들여다보면 삶을 지지하는 신념들이 보일 것이다. 당신의 신념 체계는 삶에 대한 근본적인 질문, 예컨대 '우주를 다스리는 누군가가 존재하는가?' '인생에 목적이 있는가?' '내게 가치가 있는가?' '현생이 전부인가?' 같은 질문들에 대한 당신의 답이다.

당신의 신념 체계는 당신의 피부색이나 외모, 재능, 나이와는 아무 상관이 없다. 신념 체계는 텐트의 외관이 아니라 내부와 관련이 있다. 그것은 당신의 믿음을 떠받치는 일련의 확신(폴 대)이다. 신념 체계가 탄탄하면 당신은 굳게 설 것이고, 신념 체계가 약하면 폭풍에 휩쓸릴 것이다.

신념은 늘 행동에 앞선다. 바울이 편지에서 행동을 말하기에 앞서 확신에 대해 이야기한 것도 그 때문이다. 누구든 삶에 반응하는 방식을 바꾸려면 그 사람 자신이 삶에 대해 믿는 것을 바꾸면 된다. 당신에게 있어 가장 중요한 것은 당신의 신념 체계다.

바울의 신념 체계는 난공불락의 요새 같았다.

바울의 텐트를 지지하는 폴 대를 자세히 보면 그 위에 '하나님의 주권'이라고 새겨진 것이 보일 것이다. '주권'이라는 말은 성경에서 하나님이 이 우주를 완벽하게 컨트롤하시는 것을 묘사할 때 쓰는 말이다. 하나님은 만유를 보전하고 다스리신다. 끊임없이 모든 피조물의 삶에 개입하시며 그들로 하여금 하나님의 거룩하신 뜻을 실현하는 방식으로 행동하게 하신다.

염려를 치유하려면 하나님의 주권을 제대로 이해하는 것이 중요하다. 염려는 종종 혼돈을 인식하는 데서 비롯된다. 우리가 어떤 알 수 없는 거대한 힘의 희생자임을 알아차릴 때 우리는 마음이 불편해진다.

심리학자들은 2차 대전 당시 전투가 군인들에게 미친 영향을 조사하면서 다음과 같은 사실을 밝혀냈다. 그들에 의하면 지상군은 60일 동안 이어진 전투가 끝나자 "정서적 사망 상태에 이르렀다." 이해할 만한 일이다. 지상군 병사들은 끊임없이 폭탄과 기관총, 적군 저격병의 위협에 노출되어 있었기에 그들이 불안에 휩싸인 것은 결코 놀라운 일이 아니다.

그러나 전투기 조종사들이 상대적으로 평온했던 것은 놀랄 만한 일이다. 그들은 사망률이 가장 높았다. 조종사들의 50퍼센트가 작전 수행 도중에 사망했지만, 그들은 자신의 일을 사랑했다. 생존 확률이 동전 던지기의 확률과 같았음에도 자기 일에 만족해하는 조종사들이 93퍼센트나 되었다.[2]

---

2) Taylor Clark, *Nerve: Poise Under Pressure, Serenity Under Stress, and the Brave New*

이런 차이는 어디서 비롯되었을까? 조종사들은 손을 조종간 위에 올려놓고 있었다. 그들은 조종석에 앉아 있었고, 자신의 운명이 자기 손에 달렸다고 느꼈다.³ 반면에 보병은 제자리를 지키든 달아나든 쉽게 목숨을 잃을 수 있었다. 그들은 고독감과 무력감을 느꼈다. 두 집단의 차이를 설명하는 공식은 간단하다. 통제 가능한 상황은 평온을 가져다주고 통제 불가능한 상황은 두려움을 불러온다.

이 같은 공식은 꼭 전쟁을 통해서만 입증되는 것은 아니다. 교통 정체를 통해서도 확인할 수 있다. 독일의 한 연구팀은 교통 체증이 발생할 경우 심장마비에 걸릴 확률이 세 배 더 증가한다는 사실을 발견했다.⁴ 이해가 된다. 교통 정체야말로 대표적인 통제 불능의 상황이기 때문이다. 나는 똑바로 운전을 해도 옆 차선의 운전자가 교통 법규를 위반할 수 있다. 나는 운전에 능숙해도 운전 중에 문자를 보내는 부주의한 운전자 때문에 목숨을 잃을 수 있다. 예측 불가능한 상황은 스트레스를 유발한다. 내 힘으로 통제할 수 있는 여지가 줄어들수록 불안은 증가한다.

그러니 어찌할 것인가?

Science of Fear and Cool (New York: Little, Brown, 2011), 100-101. (『너브: 두려움을 용기로 바꾸는 힘』, 한국경제신문사)

3) 앞의 책.

4) Alan Mozes, "Traffic Jams Harm the Heart," HealthDay, March 13, 2009, https://consumer.healthday.com/cardiovascular-and-health-information-20/heart-attack-news-357/traffic-jams-harm-the-heart-624998.html.

모든 것을 통제할 것인가? 낙하산 없이는 비행기를 타지 말고, 식당에 갈 때는 늘 깨끗한 그릇을 가지고 다니라. 집 밖에 나갈 때는 반드시 방독면을 착용하라. 상처 받을 수 있으니 사랑 따위는 꿈도 꾸지 말라. 모든 위험 요소를 통제함으로써 불안에 맞서라.

그렇게 할 수만 있다면 말이다.

그러나 확신은 잔인한 사기꾼이다. 수백만 달러의 부를 축적한 사람도 경제 위기로 인해 하루아침에 빈털터리가 될 수 있고, 견과류와 채소만 섭취하는 건강 염려증 환자도 암에 걸릴 수 있다. 스트레스를 유발하는 모든 인간관계에서 벗어나 혼자 지내는 사람도 불면증에 걸릴 수 있다. 우리는 확실한 무언가를 원하지만, 유일하게 확실한 것은 그 무엇도 확실하지 않다는 사실이다.

극심한 스트레스에 시달리는 사람들은 상황을 통제하는 데 열을 올리지만 결국 성공하지 못한다. 세상을 통제하려 하면 할수록 그것이 불가능함을 깨달을 뿐이다. 그리하여 삶은 염려와 실패의 연속이 된다. 우리는 세상을 통제할 수 없다. 그것은 우리가 할 수 있는 일이 아니다.

성경은 보다 나은 아이디어를 제시한다. 바로 완벽하게 통제하려는 생각을 그만두고 하나님께 맡기는 것이다. 당신은 세상을 다스릴 수 없지만 하나님께 맡길 수는 있다. 이것이 "주 안에서 기뻐하라"는 바울의 말 이면에 있는 메시지이다. 평안은 문제가 없어서 얻어지는 게 아니라 주님의 임재로 인해 얻어지는 것이다. 혼돈 속을 헤매기보다 바울처럼 주님의 주권 안에서 기뻐하라. "형제들아 내가 당한 일이 도리어 복음 전파에 진전이 된 줄을 너희가 알기를 원하노라 이러므로 나의 매임이 그리스도 안에서 모든 시위대 안과 그 밖의 모든 사람에게 나타났으니"(빌 1:12-13).

교회 안에 문제를 일으키는 사람들 때문에 골치가 아픈가? "투기와 분쟁"(빌 1:15)으로 그리스도를 전하는 목회자들 때문에 마음이 괴로운가? 그들의 이기적인 동기는 예수님의 주권에 비할 바가 못 된다. "겉치레로 하나 참으로 하나 무슨 방도로 하든지 전파되는 것은 그리스도니 이로써 나는 기뻐하고 또한 기뻐하리라"(빌 1:18).

바울은 "하나님이 그(예수님)를 지극히 높여 모든 이름 위에 뛰어난 이름을"(빌 2:9) 주셨다고 믿었다.

바울의 감옥 생활은 비참했지만 그 모든 것 위에는 "자기의 기쁘신 뜻을 위하여 너희에게 소원을 두고 행하게 하시는"(빌 2:13) 하나님이 계셨다.

바울의 편지에서 우리는 마음속 깊은 곳에서부터 선하신 하나님의 손길을 믿는 사람의 글을 접한다. 바울은 하나님의 힘으로 보호받고 하나님의 사랑으로 생명을 유지했다. 그는 하나님의 날개 그늘 아래 살았다.

당신은 어떤가?

하나님의 주권을 인정함으로써 영혼의 안정을 찾으라. 하나님은 우주를 다스리시고 세상의 아주 작은 것 하나까지 세세히 살피신다. "그 어떤 지혜와 통찰력과 묘안도 여호와를 당해 내지는 못한다"(잠 21:30, 현대인의 성경). 하나님은 "하늘의 군대에게든지 땅의 사람에게든지 자기 뜻대로 행하시나니 그의 손을 금하든지 혹시 이르기를 네가 무엇을 하느냐고 할 자가 아무도 없다"(단 4:35). 하나님은 "만물을 붙드시고"(히 1:3) "애굽 하수에서 먼 곳의 파리"(사 7:18)를 부르실 수 있다. 하나님은 별 하나하나에 이름을 붙이셨으며, 참새 한 마리까지 아신다. 하나님은 크고 작은 모든 것을 컨트롤하신다. "주의 명령이 아니면 누가 이것을 능히 말하여 이루게 할 수 있으랴 화와 복이 지존자의 입으로부터 나오지 아니하느냐"(애 3:37-38).

힘든 시기에 대한 하나님의 답은 한결같다. 바로 하늘의 보좌에 하나님이 앉아 계시다는 것이다. 확실히 이것이 하나님이 이사야 선지자에게 주신 메시지이다. BC 8세기의 유다 왕국은 웃시야왕의 안정적인 리더십 덕에 비교적 평화로웠다. 웃시야왕은 결코 완벽하지는 않았지만 적이 유다에 침입하지 못하게 했다. 비록 사방에서 적이 위협을 가했지만 유다는 웃시야왕의 존재로 인해 52년간 적의 침략으로부터 안전했다.

웃시야왕이 죽자 이사야는 걱정하지 않을 수 없었다. 웃시야왕이 죽었으니 이제 유다 사람들은 어떻게 될 것인가?

혹은 당신의 경우, 실직을 했으니 이제 어떻게 할 것인가? 건강에 이상이 생겼으니 어떻게 할 것인가? 경제 위기가 닥쳤으니 어떻게 할 것인가? 하나님은 위기에 처한 그의 백성에게 들려줄 메시지를 갖고 계시는가?

확실히 하나님은 이사야에게 들려줄 메시지를 갖고 계셨다. 이사야는 이렇게 썼다.

웃시야 왕이 죽던 해에 내가 본즉 주께서 높이 들린 보좌에 앉으셨는데 그의 옷자락은 성전에 가득하였고 스랍들이 모시고 섰는데 각기 여섯 날개가 있어 그 둘로는 자기의 얼굴을 가리었고 그 둘로는 자기의 발을 가리었고 그 둘로는 날며 서로 불러 이르되

거룩하다 거룩하다 거룩하다 만군의 여호와여
그의 영광이 온 땅에 충만하도다 하더라(사 6:1-3).

웃시야의 왕좌는 비어 있었지만 하나님의 보좌는 그렇지 않았다. 웃시야의 치세는 끝났지만 하나님의 치세는 끝나지 않았다. 웃시야의 음성은 들리지 않았지만 하나님의 음성은 또렷했다(사 6:8-10). 하나님은 그때나 지금이나 보좌에 앉아 계시며 끊임없이 경배받기에 합당하시다.

하나님은 문제를 제거하심으로써가 아니라 하나님의 권능과 임재를 드러내심으로써 이사야의 두려움을 진정시키셨다.

이렇게 생각해 보자. 당신의 아버지는 최고의 정형외과 의사다. 그에게 치료를 받으려고 먼 나라에서도 환자들이 찾아온다. 그는 손상된 관절을 정기적으로 교체해 주는데 기계공이 점화 플러그를 교체할 때와 같은 확신을 가지고 엉덩이와 무릎, 어깨 관절을 교체한다.

열 살 난 당신은 저명한 외과의사가 어떤 일을 하는지 알기에는 아직 어리지만 계단에서 굴러 발목을 다칠 만큼은 되었다. 발목을 다친 당신은 데굴데굴 구르며 고통을 호소한다. 당신은 학교에서 하는 댄스 경연대회에 처음으로 참가하게 되었는데, 그때까지 불과 몇 주밖에 남지 않았다. 목발을 짚고 다니거나 절뚝거리며 다니기에는 시간이 너무 부족한 것이다. 당신에게는 건강한 발목이 필요하지만 당신의 발목은 결코 건강하지 않다.

이때 아버지가 수술복을 입은 채로 방에 들어온다. 아버지는 당신의 신발과 양말을 벗기고 상처 부위를 살펴본다. 당신은 테니스공만 한 혹을 보고 신음소리를 낸다. 어린아이다운 불안이 마음속을 파고든다.

"아빠, 나는 다시 걸을 수 없을 거예요!"

"아니, 걷게 될 거야."

"아무도 나를 도울 수 없어요!"

"내가 도울 수 있단다."

"어떻게 해야 할지 아는 사람이 아무도 없어요!"

"내가 알아."

"아니, 아빠는 몰라요!"

아버지는 고개를 들고 당신에게 질문한다. "아빠가 무슨 일을 하는지 아니?"

사실 당신은 알지 못한다. 아버지가 날마다 병원에 간다는 것과 사람들이 아버지를 '선생님'이라고 부른다는 것 그리고 어머니가 아버지를 대단히 똑똑하다고 생각한다는 것 정도는 알지만 아버지가 정말로 무슨 일을 하는지는 모른다.

아버지가 당신의 발목에 얼음주머니를 대면서 말한다. "이제 알 때도 되었지." 그다음 날 수업이 끝난 후 아버지가 학교 주차장에서 당신을 기다리고 있다. "어서 타렴. 내가 무슨 일을 하는지 보여 주마." 아버지는 당신을 자신의 사무실로 데려가서 벽에 걸린 학위증과 자격증들을 보여 준다. 그 옆에는 '탁월한'이라든가 '뛰어난' 같은 말이 적힌 상장들이 있다. 아버지는 자신의 이름이 박힌 의학 서적을 당신에게 건넨다.

"아빠가 쓴 책이에요?"

"그렇단다."

아버지의 휴대폰이 울린다. 아버지는 통화를 마친 뒤 "이제 수술하러 가자꾸나." 하고 말한다. 당신은 아버지를 따라 수술실로 들어간다. 그다음 몇 분간 당신은 아버지가 발목을 수술하는 모습을 지켜본다. 아버지는 수술실의 사령관이다. 그는 주저하거나 다른 사람에게 의견을 묻거나 하지 않는다. 아버지는 그저 수술을 할 뿐이다.

간호사 가운데 한 명이 당신에게 속삭인다. "네 아버지가 이 분야 최고시란다."

그날 저녁, 집으로 돌아오는 길에 당신은 아버지를 쳐다본다. 아버지가 달리 보인다. 수술을 할 수 있다면 부어오른 발목도 치료할 수 있으리라는 생각이 든다. 그래서 아버지에게 물어본다. "댄스 경연대회 때까지 발목이 나을까요?"

"그럼, 낫고말고."

이번에는 아버지의 말에 믿음이 간다. 아버지에 대한 이해가 늘어남에 따라 당신의 염려는 줄어든다.

여기서 드는 생각 하나, 하나님 보시기에 우리의 가장 큰 두려움은 다친 발목과도 같다. 그리고 또 하나, 많은 사람들은 일시적으로 다리를 저는 것에 불필요할 정도로 많이 염려한다.

다음번에 미래에 대한 염려가 엄습하거든 하나님의 주권 안에서 기뻐하라. 하나님이 이루신 것들을 기뻐하라. 당신이 할 수 없는 일을 하나님은 하실 수 있다는 사실에 기뻐하라. 당신의 마음을 하나님에 대한 생각으로 가득 채우라.

주는 곧 영원히 찬송할 이시로다(롬 1:25).

예수 그리스도는 어제나 오늘이나 영원토록 동일하시니라(히 13:8).

주는 한결같으시고 주의 연대는 무궁하리이다(시 102:27).

하나님은 왕이시고, 최고의 통치자이시며, 절대 군주이시고, 역사의 지배자이시다.

하나님이 눈썹 하나만 까딱해도 무수한 천사들이 선회하며 절을 한다. 지상의 모든 왕좌는 하나님의 보좌에 비하면 발등상과 같고, 지상의 모든 왕관은 하나님의 보관에 비하면 종잇장에 불과하다. 하나님에게는 자문관도 필요 없고 의회도 필요 없다. 하나님은 누구에게도 보고하지 않으시며, 스스로 모든 것을 주관하신다.

하나님의 주권은 바울을 평안으로 인도한다. 다른 사람들은 문제에 부딪히면 어찌할 바를 몰라 손을 비틀지만 우리는 문제에 부딪히면 무릎을 꿇는다.

예레미야도 그랬다.

주께서 내 심령이 평강에서 멀리 떠나게 하시니

내가 복을 내어버렸음이여

스스로 이르기를 나의 힘과

여호와께 대한 내 소망이 끊어졌다 하였도다

내 고초와 재난 곧 쑥과 담즙을 기억하소서

내 마음이 그것을 기억하고

내가 낙심이 되오나(애 3:17–20).

예레미야는 유다의 암흑기에 활동했던 선지자다. 그는 눈물을 많이 흘린 탓에 눈물의 선지자라 불린다. 예레미야는 유다 사람들이 처한 상황과 그들의 타락한 신앙으로 인해 많은 눈물을 흘렸다. 어찌나 불안하고 마음이 괴로웠던지 예레미야애가를 쓸 정도였다. 그러나 그는 하나님이 하신 일을 생각했다.

이것을 내가 내 마음에 담아 두었더니

그것이 오히려 나의 소망이 되었사옴은

여호와의 인자와 긍휼이 무궁하시므로

우리가 진멸되지 아니함이니이다

이것들이 아침마다 새로우니

주의 성실하심이 크도소이다

내 심령에 이르기를 여호와는 나의 기업이시니

그러므로 내가 그를 바라리라 하도다

기다리는 자들에게나 구하는 영혼들에게

여호와는 선하시도다

사람이 여호와의 구원을 바라고

잠잠히 기다림이 좋도다(애 3:21-26).

하나님을 향해 눈을 들라. 시련에 무너지지 말라. 좋은 일이 생기리라고 믿으라. 하나님이 하신 다음 말씀은 바로 당신에게 하신 말씀임을 믿으라. "하나님을 사랑하는 자 곧 그의 뜻대로 부르심을 입은 자들에게는 모든 것이 합력하여 선을 이루느니라"(롬 8:28).

마음이 하나님으로 가득한 동시에 두려움으로 가득하기는 불가능하다. "주께서 심지가 견고한 자를 평강하고 평강하도록 지키시리니 이는 그가 주를 신뢰함이니이다"(사 26:3). 마음이 괴롭고 불안해서 잠이 안 오는가? 그렇다면 주님의 주권 안에서 기뻐하라. 한 시간 동안 하나님을 예배하면서 그분께 당신의 걱정을 아뢰어 보라. 그러면 걱정이 한여름 인도에 떨어진 아이스크림처럼 녹아 없어질 것이다.

신뢰가 증가하면 염려가 사라진다. 예레미야는 믿음을 평안과 연결시킨다.

그러나 무릇 여호와를 의지하며

여호와를 의뢰하는 그 사람은 복을 받을 것이라

그는 물가에 심어진 나무가 그 뿌리를 강변에 뻗치고

더위가 올지라도 두려워하지 아니하며

그 잎이 청청하며 가무는 해에도 **걱정이 없고**

결실이 그치지 아니함 같으리라 (렘 17:7-8, 강조는 저자 추가).

여러 해 전 나는 오랫동안 선교회의 비행기를 몰아온 조종사와 함께 일주일간 브라질의 오지를 다닌 적이 있다. 우리가 탄 비행기는 바람이 조금만 불어도 뒤집힐 것 같은 4인승 경비행기였다. 라이트 형제가 만든 비행기도 그것보다는 튼튼했을 것이다.

나는 불안하지 않을 수 없었다. 비행기가 브라질의 정글에 추락해 내가 피라냐나 아나콘다의 먹이가 될 것만 같은 생각이 좀처럼 머릿속에서 떠나지 않았다.

나는 그렇게 하는 게 도움이라도 된다는 듯 계속해서 몸을 움직거리고 아래를 내려다보고 좌석을 꽉 붙잡고는 했다. 마침내 조종사는 더 참지 못하고 나를 건너다보며 엔진 소리 너머로 이렇게 외쳤다.

"내가 대처할 수 없는 그 어떤 일도 일어나지 않아요! 내가 안전하게 비행할 수 있다는 것을 믿으세요!"

하나님도 당신에게 이렇게 말씀하시는가?

당신의 믿음을 떠받치는 폴 대를 점검하라. 폴 대에 '하나님의 주권'이라는 말이 새겨져 있는지 확인하라.

이사야서 6장을 읽으십시오.

혼돈에 맞서기

1. '주권'이라고 하면 어떤 이미지나 사람들이 떠오릅니까?

2. 일상에서 '주권'이 무엇을 의미하는지 생각해 보십시오. 당신은 주권을 하나님께 넘겨 드렸다고 믿습니까?
   - 만약 그렇지 못하다면 그 이유는 무엇입니까?

   - 만약 그렇다면 당신은 하나님의 주권을 '신뢰'합니까?

3. 이 장에서는 '신념은 늘 행동에 앞선다'는 개념을 강조합니다. 마음은 행동의 방향타입니다.
   - 이 장에서 자신의 신념 체계에 대해 무엇을 알게 되었습니까?

   - 당신의 행동은 탄탄한 신념 체계를 반영합니까? 그렇다면 또는 그렇지 못하다면 그 이유는 무엇입니까?

4. 세상에는 하나님의 선하심을 믿기 힘들게 하는 것들이 많습니다. 고린도후서 11장 23-29절에 나오는 바울의 갖가지 시련을 읽어 보십시오. 그런 다음 빌립보서 1장 12-13절에 나오는 바울의 반응을 보십시오.

- 당신은 어떤 상황에서든 하나님의 선하신 뜻을 믿으려고 애씁니까?

- 바울과 같은 순수한 반응을 요구하시는 하나님이 공정하다고 느껴집니까? 그렇다면 또는 그렇지 않다면 그 이유는 무엇입니까?

- 하나님이 인생의 아주 작은 것까지 돌보시는 좋으신 아버지라는 것을 온전히 믿는 데 방해가 되는 것은 무엇입니까?

- 방해가 되는 것들을 주님께 가지고 나와 기도하십시오. "내가 믿나이다 나의 믿음 없는 것을 도와 주소서"(막 9:24).

5. 히브리서 13장 7–8절을 읽어 보십시오.

- 당신 주변에는 걱정거리가 많을 때 하나님의 강하신 팔을 의지하는 사람들이 있습니까? 그들은 결국 어떻게 되었습니까?

- 그들의 예가 당신이 하나님의 주권을 신뢰하는 데 어떤 영향을 미칩니까?

- 히브리서 11장을 읽고 축복과 고난을 모두 경험한 많은 신실한 사람들을 생각해 보십시오. 그들의 이야기는 어떻게 끝이 났습니까? 하나님을 신뢰하는 것이 그들에게 가치 있는 일이었습니까? 그렇다면 또는 그렇지 않다면 그 이유는 무엇입니까?

- 그들의 이야기를 어떻게 염려에 대한 방어 수단으로 사용할 수 있을까요?

평안을 택하기

6. 다음 문장에 대해 생각해 보십시오. "마음이 하나님으로 가득한 동시에 두려움으로 가득하기는 불가능하다."

• 이 진리는 당신의 자유 시간에 어떤 영향을 미칩니까?

• 당신은 생각을 훈련하기 위해 무엇을 할 수 있습니까?

7. "아버지에 대한 이해가 늘어남에 따라 당신의 염려는 줄어든다." 어떻게 하면 하나님을 더 깊이 알 수 있을까요?

• 하나님에 대한 생각이 가득하려면 어떤 변화를 주어야 할까요?

• "좋은 일이 생기리라고 믿으면" 당신의 태도가 어떻게 달라질까요?

8. 저자는 이렇게 권합니다. "마음이 괴롭고 불안해서 잠이 안 오는가? 그렇다면 주님의 주권 안에서 기뻐하라. 한 시간 동안 하나님을 예배하면서 그분께 당신의 걱정을 아뢰어 보라. 그러면 걱정이 한여름 인도에 떨어진 아이스크림처럼 녹아 없어질 것이다. 신뢰가 증가하면 염려가 사라진다."
당신도 하나님을 한 시간 동안 예배하며 그분께 당신의 걱정을 아뢰어 보십시오.

2장

인류 최초의 염려, 죄책감

: 하나님의 자비 안에서 기뻐하라

나는 지독한 숙취에 시달렸다. 그래도 두통은 어느 정도 견딜 만했다. 속이 울렁거렸지만 이것도 시간이 지나면 괜찮아질 터였다.

정말로 견디기 힘든 것은 죄책감이었다.

나는 어린 시절부터 술을 마시는 것은 잘못이라고 배웠다. 우리 집안에는 알코올 중독의 어두운 그늘이 드리워져 있기 때문이다. 아버지는 이 점을 분명히 해두었는데, 바로 술을 많이 마시면 문제가 생기고, 문제가 생기면 삶이 비참해진다는 것이었다. 아버지는 정기적으로 나를 데리고 아버지의 형제들이 치료받는 재활 센터를 방문했다. 지나친 음주는 그들의 결혼생활과 경력과 건강을 망쳐놓았다. 아버지는 내가 그들을 반면교사로 삼기 바랐다. 나는 그들을 보며 술을 마시지 않겠다고 다짐한 적이 한두 번이 아니다.

그런데 왜 술을 마셨을까? 열여섯 살의 나와 내 친구는 왜 운전을 할 수 없을 정도로 술에 취했을까? 어쨌거나 나는 왜 차를 몰고 나갔을까? 왜 그렇게 술을 많이 마셔서 속이 쓰리고 머리가 빙빙 도는 상태로 쓰러져 잠들었을까? 왜 변기를 껴안고 토한 뒤 일어서지도 못할 만큼 술에 취했을까? 나는 정말로 내가 토하는 소리를 아버지가 듣지 못할 거라고 생각했을까? (아버지는 들었다.) 자극성이 강한 멕시코 음식을 먹은 탓에 속이 안 좋다는 변명을 아버지가 믿을 거라고 생각했을까? (아버지는 믿지 않았다.) 다음날 아침에 눈을 뜨니 머리가 깨질 것 같았다. 아버지의 꾸지람을 들어야 했고, 무엇보다도 양심의 가책에 시달렸다.

우리의 영혼에는 우리로 하여금 살 가치가 없다고 생각하게 만드는 콘크리트 블록 같은 죄책감이 있다. '나는 나쁜 짓을 했어.'라고 말하는 죄책감, 결국 '나는 나쁜 사람이야.'라고 결론짓는 죄책감이 있다. 그날 내가 느낀 것은 이런 깊고 어두운 죄책감이었다. 나는 내가 모르는 나를 마주한 나 자신을 발견했다.

세상에는 이 같은 죄책감을 모르고 사는 사람도 있겠지만, 나는 아직 그런 사람을 만나본 적이 없다. 당신은 무슨 일에 죄책감을 느끼는가? 하룻밤 섹스인가? 뒷골목에서 치고 박는 싸움을 한 일인가? 남의 물건에 손을 댔는가? 아니면 한때의 잘못이 아니라 꽤 오랜 기간에 걸쳐 이루어진 일 때문에 죄책감을 느끼는가? 당신은 부모로서 실패했을 수도 있고, 경력을 망쳤을 수도 있고, 젊음이나 돈을 낭비했을 수도 있다.

그 결과는 무엇인가? 죄책감이다.

죄책감의 결과는 무엇인가? 염려다.

놀라운가? 염려를 유발하는 것들의 목록에는 바쁜 스케줄과 비현실적으로 많은 과제, 교통 체증 같은 것이 포함된다. 그러나 우리는 보다 심층적인 원인을 찾아야 한다. 정신없이 바쁜 사람들의 딱딱하게 굳은 표정 이면에는 해소되지 않은 회한이 자리하고 있다.

사실 인류 최초의 염려는 죄책감에 기인한다. "그들이 그 날 바람이 불 때 동산에 거니시는 여호와 하나님의 소리를 듣고 아담과 그의 아내가 여호와 하나님의 낯을 피하여 동산 나무 사이에 숨은지라"(창 3:8).

최초의 가족에게 무슨 일이 일어난 것일까? 이때까지 그들에게는 두려움이나 염려를 느끼는 기색이 없었는데 말이다. 그들은 하나님을 피해 숨은 적이 없었다. 사실 그들에게는 감출 것이 없었다. "아담과 그의 아내 두 사람이 벌거벗었으나 부끄러워하지 아니하니라"(창 2:25).

그때 뱀과 선악과가 등장했다. 최초의 부부는 뱀의 유혹에 빠져 하나님의 명을 거역했다. 그리고 그들이 하나님의 명을 거역했을 때 그들의 세계는 완전히 무너졌다. 그들은 수치심과 두려움이 뒤섞인 감정을 느끼며 허둥지둥 덤불 속으로 숨었다.

순서에 주목하라. 죄책감이 먼저 왔고, 그다음에 염려가 왔다. 죄책감은 트럭을 운전했고, 염려는 짐칸으로 펄쩍 뛰어 올랐다. 아담과 하와는 자기들의 잘못을 어떻게 해야 할지 몰랐다. 우리도 마찬가지다. 그렇지만 우리는 덤불 속에 숨지 않는다. 우리에게는 죄책감을 다루는 보다 세련된 방식이 있다. 우리는 죄책감을······

마비시킨다. 술이나 인터넷 포르노그래피, 마리화나, 모텔에서의 밀회 등을 통해 죄책감을 마비시킨다. 즐거운 시간에는 대개 죄책감이 사라지지 않는가? 하지만 집에 돌아오면 살아진 줄 알았던 죄책감이 다시 나타나니 우스운 일이다.

부인한다. 잘못을 저지르지 않은 체한다. 잘못된 선택을 숨길 궁리를 한다. 그리하여 거짓말이 거짓말을 낳고 그것이 또 다른 거짓말을 낳는다. 우리는 첫 번째 거짓말에 맞춰 두 번째 거짓말을 지어낸다. 그리고 오래지 않아 질문을 받는 즉시 반사적으로 거짓말을 들키지 않을 대답을 떠올리게 된다.

최소화한다. 죄를 지은 게 아니라 어쩌다 길을 잘못 들었을 뿐이라고 생각한다. 그냥 운이 없어서 걸렸다고 생각한다. 판단 착오를 했을 뿐이라고 생각한다.

파묻는다. 일정표를 가득 채운 약속과 산더미 같은 일 속에 죄책감을 파묻는다. 바쁘면 바쁠수록 우리가 가장 싫어하게 된 사람 곧 우리 자신과 보내는 시간이 줄어들기 때문이다.

벌한다. 우리 자신을 벌한다. 스스로에게 상처를 주고 매질을 한다. 채찍으로는 아닐지라도 규칙으로 자신을 때린다. 스스로에게 더 많은 규칙을 부과한다. 해야 할 일과 지켜야 할 것들의 기나긴 목록을 만든다. 고행으로 속죄한다. 더 많이 기도하고, 더 많이 공부하고, 더 많이 베푼다. 더 일찍 출근하고, 더 늦게 퇴근한다.

언급을 회피한다. 우리의 잘못을 입 밖에 꺼내지 않는다. 가족이나 목사님, 친구들에게 이야기하지 않는다. 죄책감 따위는 네스호 괴물처럼 호수 안 깊숙한 곳에 머물러 있기를 바라면서 모든 일을 수면 위에 붙잡아 둔다.

방향을 튼다. 아이들을 야단치고 배우자에게 화를 낸다. 고용인들이나 옆 차선 운전자에게 고함을 지른다.

상쇄한다. 다시는 실수하지 않기로 결심한다. 완벽한 가정을 이루고 완벽한 커리어를 쌓는다. 완벽한 성적표를 받고 완벽한 그리스도인이 된다. 머리 모양이나 자동차, 어조에 이르기까지 모든 게 완벽해야 한다. 모든 것을 통제하고, 자기 자신이나 다른 사람들의 실수나 잘못을 용납하지 않는다.

체화한다(embody). 술에 취한 게 아니라 그냥 자신은 술꾼이라고 생각한다. 얼간이 같은 짓을 한 게 아니라 얼간이라고 생각한다. 나쁜 짓을 한 게 아니라 나쁘다고, **뼛속까지 나쁘다고** 생각한다. 심지어 자신이 나쁘다는 것에 자부심을 느끼기까지 한다.

아담과 하와는 무화과 잎사귀와 덤불과 거짓말 뒤에 숨었다. 그때 이후로 인류가 죄책감을 다루는 방식은 그리 많이 달라지지 않았다.

이제 다시 열여섯 살 맥스의 이야기로 돌아가, 돼지우리에서 잠이 깬 그 탕자를 떠올려 보자. 그가 위에서 열거한 방법 중 한두 가지로 그의 수치심과 죄책감을 다루기로 했다고 하자. 그는 그 사건을 대수롭지 않게 여기거나 깨끗이 잊어버릴 수도 있고, 스스로에게 가혹한 벌을 내리기를 선택할 수도 있다. 아니면 더 많은 술을 마심으로써 죄책감을 마비시킬 수도 있다.

그가 죄책감을 다룰 건강한 방법을 발견하지 못하면 어떻게 될까? 해소되지 않은 죄책감은 그를 어떤 사람으로 만들까? 그는 숨고 달아나고 부인하는, 불안한 사람이 될 것이다. 한 남자는 이렇게 말했다. "나는 누군가 나의 본모습을 알아채고 나를 별 볼 일 없는 사람으로 생각하고 무시하고 거부할까 봐 거짓된 삶을 살아왔다. 능력이나 지식, 영성 및 그 밖의 다양한 무화과 잎사귀 뒤에 숨었다. 이렇게 거짓된 삶을 사는 것은 몹시 피곤하고 불안을 유발하는 일이었다."[1]

해소되지 않은 죄책감은 당신을 비참하고 피로하고 초조하고 늘 화가 나 있고 스트레스로 녹초가 된 사람으로 만들 것이다. 아마도 밧세바와의 일이 있고 나서 썼으리라 짐작되는 한 시편에서 다윗은 이렇게 말했다.

내가 입을 열지 아니할 때에
종일 신음하므로 내 뼈가 쇠하였도다

---

[1] 허락받고 사용함.

주의 손이 주야로 나를 누르시오니

내 진액이 빠져서 여름 가뭄에 마름 같이 되었나이다(시 32:3-4).

죄책감은 영혼을 시들게 한다.

은혜는 영혼을 소생시킨다.

바울은 이 은혜를 굳게 붙들었다. 그는 하나님의 주권을 믿는 것만큼이나 하나님의 자비에 의지했다.

바울만큼 극심한 죄책감에 시달린 사람도 없을 것이다. 그는 그리스도인들을 죽음으로 내몰았다. 신자들을 붙잡아 피 흘리게 한 그는 요즘으로 치면 테러리스트였다. "사울이 교회를 잔멸할새 각 집에 들어가 남녀를 끌어다가 옥에 넘기니라"(행 8:3).

게다가 그는 지독한 율법주의자였다. 그리스도를 알기 전 바울은 평생 자기 구원을 위해 노력했다. 구원은 그의 완벽함과 행위에 달려 있었다.

만일 누구든지 다른 이가 육체를 신뢰할 것이 있는 줄로 생각하면 나는 더욱 그러하리니 나는 팔일 만에 할례를 받고 이스라엘 족속이요 베냐민 지파요 히브리인 중의 히브리인이요 율법으로는 바리새인이요 열심으로는 교회를 박해하고 율법의 의로는 흠이 없는 자라(빌 3:4-6).

바울은 손에는 피를 묻히고 벽에는 종교학 학위증을 걸어놓았다.

그러나 그 후 다메섹으로 가는 길에서 그는 예수님을 만났다. 일단 예수님을 보자 그는 눈이 보이지 않게 되었다. 그는 이제 자신의 이력의 가치가 보이지 않았다. 더는 자신의 공로와 선행의 가치가 보이지 않았다. 더 이상 자신이 하는 여하한 일에 대해서도 자랑할 이유가 보이지 않았다. 남은 평생을 자신에 대해서는 더 적게 말하고 예수님에 대해 더 많이 말하는 것 외에 달리 선택의 여지가 보이지 않았다.

바울은 은혜를 노래하는 위대한 시인이 되었다. "그러나 무엇이든지 내게 유익하던 것을 내가 그리스도를 위하여 다 해로 여길뿐더러"(빌 3:7).

하나님은 바울에게 자기 구원 대신 의를 주셨다. "이제 나는 율법을 지켜서 내 스스로 의롭게 된 것이 아니라 그리스도를 믿음으로 의롭게 되었습니다. 이 의는 어디까지나 믿음에 근거한 것이며 하나님이 주신 것입니다"(빌 3:9, 현대인의 성경).

바울은 죄책감을 예수님께 드렸다. 그는 죄책감을 마비시키거나 감추거나 부인하거나 다른 것으로 상쇄하지 않았고 스스로를 벌하지도 않았다. 바울은 죄책감을 그냥 예수님께 내드렸고, 그리하여 이렇게 말할 수 있었다. "형제들아 나는 아직 내가 잡은 줄로 여기지 아니하고 오직 한 일 즉 뒤에 있는 것은 잊어버리고 앞에 있는 것을 잡으려고 푯대를 향하여 그리스도 예수 안에서 하나님이 위에서 부르신 부름의 상을 위하여 달려가노라"(빌 3:13-14).

바울이 죄책감에 짓눌린 십 대를 보았다면 무엇이라 말했을까? 아마도 이렇게 말했을 것 같다. "주님의 자비 안에서 기뻐하라. 용서하시는 주님의 능력을 믿으라. 스스로 구원에 이르려 하거나 의로워지려 하지 말라. 더는 무화과 잎사귀 뒤에 숨지 말라. 오직 그리스도와 그리스도의 은혜에 스스로를 맡기라."

행복한 성인(聖人)은 죄의 심각성과 은혜의 무한함을 모두 아는 이다. 죄는 줄어들지 않고, 죄를 용서하시는 하나님의 능력도 줄어들지 않는다. 행복한 성인은 죄가 아니라 은혜 안에 거한다. 그의 영혼은 평안하다.

하나님의 은혜는 용기를 싹 틔우는 비옥한 토양이다. 바울은 디도에게 이렇게 말했다. "기꺼이 베푸시고 용서하시는 하나님의 은혜가 이제 밝히 드러났습니다. 구원의 길이 누구에게나 열렸습니다.…… 그대는 이 모든 것을 사람들에게 말하십시오. 그들의 사기를 높여 주십시오"(딛 2:11, 15, 메시지).

나는 이 은혜의 능력에 대해 증언할 수 있다. 나는 당신을 그 도시로, 그 도시 안의 그 교회로, 그 교회 안의 그 신도석으로 안내할 수 있다. 그리고 이 은혜가 나를 찾아왔을 때 내가 앉았던 바로 그 자리도 찾을 수 있을 것 같다. 당시 나는 스무 살짜리 대학교 2학년생이었는데, 4년째 콘크리트 블록 같은 죄책감을 안고 있었다. 처음으로 술에 취했던 날에 느낀 죄책감뿐만 아니라 그 후로 100번도 더 넘게 술에 취한 데서 비롯된 죄책감이 나를 괴롭혔다. 죄책감은 내 삶을 엉망으로 만들었고, 나는 비참한 인생을 향해 나아가고 있었다.

그때 그 교회의 목사님이 지금 내가 이 책에서 하고자 하는 말을 했다. 바로 죄보다 큰 하나님의 은혜에 대해 이야기한 것이다. 그가 설교 말미에 이 은혜를 받고자 하는 사람은 앞으로 나오라고 초청하는 순간 죄책감의 쇠사슬은 나를 더는 속박하지 못했다. 하나님의 자비가 죄책감의 쇠사슬을 끊고 나를 자유하게 했다. 죄책감은 영혼을 격동시키지만 은혜는 영혼을 잠잠하게 한다.

그것이 벌써 40년 전의 일이다. 그 사이 다양한 종류의 염려가 나를 괴롭혔지만, 죄책감에 기초한 염려는 없었다. 큰 죄인이 되는 것의 좋은 점은 하나님의 크신 은혜에 의지할 수 있다는 것이다. 나는 바닥을 알 수 없을 만큼 깊고 끝을 가늠할 수 없을 만큼 높은 용서를 발견했다. 나는 최초로 구원받은 순간보다 더 많이 구원받거나 더 적게 구원받은 적이 없다. 내가 행한 어떤 잘못도 구원을 부족하게 하지 않았고 어떤 선행도 구원을 넘치게 하지 않았다. 내가 구원받은 것은 내가 한 일과는 아무 상관이 없고 온통 예수님이 십자가에서 이루신 일과 상관이 있다.

당신은 이 은혜를 아는가? 만약 모른다면 당신이 염려의 근원에 다가서지 못했기 때문이다. 당신은 바쁜 스케줄과 결혼생활과 일이 문제라고 생각하지만, 사실은 해소되지 않은 죄책감이 문제다.

죄책감에 과도하게 사로잡혀 있지 말라. 스스로를 정죄하는 허튼 소리의 바다에 빠져 헤어나지 못하는 일이 없도록 하라. 자동차 앞 유리가 백미러보다 큰 이유가 있다. 미래가 과거보다 중요하다. 하나님의 은혜는 당신의 죄보다 크다. 당신이 한 일은 선하지 않지만 하나님은 선하시다. 그리고 하나님은 당신을 용서하실 것이다. 그분은 당신 인생의 새로운 장을 써 내려갈 준비가 되어 있으시다. 바울과 함께 이렇게 말하라. "형제들아 나는 아직 내가 잡은 줄로 여기지 아니하고 오직 한 일 즉 뒤에 있는 것은 잊어버리고 앞에 있는 것을 잡으려고 푯대를 향하여 그리스도 예수 안에서 하나님이 위에서 부르신 부름의 상을 위하여 달려가노라"(빌 3:13-14).

아내와 나는 며칠 전 동네 식당에서 근사한 저녁식사를 했다. 마침 우리가 계산서를 받았을 때 우리 교회 성도 한 분이 우리를 발견하고 다가왔다. 그는 잠시 우리와 인사를 나눈 뒤 계산서를 집어 들고는 "제가 계산하지요." 하고 말했다.

그가 계산서를 집었을 때 내가 어떻게 했을 것 같은가? 나는 그가 계산서를 가져가게 두었다. 나는 그가 하고자 하는 대로 하게 두었다. 그가 계산을 하게 둔 것이다.

언젠가 우리 모두는 하나님 앞에 설 것이다. 그리고 우리가 어떻게 살아왔는지 이야기해야 할 것이다. 우리가 한 모든 생각과 모든 행동에 대해 설명해야 할 것이다. 그리스도의 은혜가 없었다면 이 얼마나 끔찍한 일이 될 것인가.

그러나 성경에 따르면 예수님은 "세상 죄를 지고"(요 1:29) 가려고 오셨다. 내가 하나님의 심판대 앞에 서는 날, 나는 그리스도를 가리킬 것이다. 내가 저지른 죄의 목록 앞에서 나는 그리스도를 가리키며 "주님이 다 지고 가셨습니다." 하고 말할 것이다.

주님이 당신의 죄를 지고 가시게 하라.

헨리 나우웬은 그의 저서에서 서커스단 공중곡예사들에게 배운 신뢰에 대한 교훈을 이야기한다. 나우웬은 곡예사들이 우아하게 공중을 나는 모습을 지켜본 뒤 그들을 만나서 비결을 물어보았다. 그러자 곡예사는 이렇게 대답했다.

비결은 공중을 나는 사람은 아무것도 하지 않고 붙잡아 주는 사람이 모든 것을 하는 데 있습니다. 내가 조(나를 붙잡아 주는 사람)를 향해 날아갈 때 나는 그냥 팔을 뻗고 그가 나를 붙잡아서 안전하게 반대편으로 데려다주기를 기다리기만 하면 됩니다.

최악의 실수는 공중을 나는 사람이 붙잡아 주는 사람을 잡으려 드는 것입니다. 나는 조를 붙잡아서는 안 됩니다. 조가 나를 붙잡아야 하지요. 만약 내가 조의 팔목을 붙잡는다면 조의 팔목이 부러지거나 내 팔목이 부러지고 말 겁니다. 그렇게 되면 둘 다 끝장이에요. 공중을 나는 사람은 날기만 해야 하고 붙잡아 주는 사람은 붙잡기만 해야 합니다. 그리고 공중을 나는 사람은 붙잡아 주는 사람을 믿고 팔을 뻗어야 합니다."[2]

구원의 위대한 공중곡예에서 하나님은 붙잡아 주는 분이고 우리는 공중을 나는 사람이다. 우리는 우리를 붙잡아 주시는 하나님의 능력에 전적으로 의지한다. 그리고 우리가 그렇게 할 때 놀라운 일이 일어난다. 공중을 날게 되는 것이다.

하나님 아버지는 누구도 떨어뜨리지 않으신다. 하나님은 당신을 떨어뜨리지 않으신다. 하나님의 팔은 굳세고 하나님의 손은 펴져 있다. 바울의 말처럼 "주께서 나를 모든 악한 일에서 건져내시고 또 그의 천국에 들어가도록 구원하시리니 그에게 영광이 세세무궁토록 있을지어다 아멘"(딤후 4:18).

당신을 전적으로 하나님께 맡기라. 그렇게 할 때 아무것도 염려하지 않을 수 있음(그렇다, 가능하다!)을 알게 될 것이다.

---

2) Henri J. M. Nouwen, *The Essential Henri Nouwen*, ed. Robert A. Jonas (Boston: Shambhala, 2009), 131–32.

혼돈에 맞서기

1. 저자는 "우리의 영혼에는 우리로 하여금 살 가치가 없다고 생각하게 만드는 콘크리트 블록 같은 죄책감이 있다. '나는 나쁜 짓을 했어'라고 말하는 죄책감, 결국 '나는 나쁜 사람이야'라고 결론짓는 죄책감이 있다."고 말합니다.

- 당신 안에도 깊고 어두운 죄책감이 있습니까?

- 죄책감은 과거의 일에서 비롯되었을 수 있고 현재 날마다 이겨내려고 애쓰는 무언가와 관련이 있을 수도 있습니다. 살면서 느낀 가장 큰 죄책감의 원인이 무엇인지 생각해 보십시오.

2. 창세기 3장에서 죄가 세상에 들어온 이야기를 읽고, 아담과 하와가 불순종한 직후에 느낀 감정들을 말해 보십시오.

- 부정적인 감정들이 나타나기 시작한 것은 언제입니까?

- 아담과 하와는 부정적인 생각을 어떻게 죄 된 행동으로 옮겼습니까?

- 그들이 정서적, 신체적으로 어떻게 반응했는지에 주목하십시오.

3. 저자는 또한 "염려를 유발하는 것들의 목록에는 바쁜 스케줄과 비현실적으로 많은 과제, 교통 체증 같은 것들이 포함된다. 그러나 우리는 보다 심층적인 원인을 찾아야 한다. 정신없이 바쁜 사람들의 딱딱하게 굳은 표정 이면에는 해소되지 않은 회한이 자리하고 있다."고 말합니다.

- 위 문장에 동의합니까? 그 이유는 무엇입니까?

- 당신이 염려를 느끼는 데도 교통 체증이나 바쁜 스케줄보다 더 심층적인 무언가가 원인으로 작용하지 않았을까요?

- 당신이 느끼는 염려의 일부는 후회나 죄책감에서 비롯된 것입니까? 그렇다면 또는 그렇지 않다면 그 이유는 무엇입니까?

4. 우리는 잘못이나 죄책감을 마비시키고, 부인하고, 최소화하고, 파묻고, 벌하고, 언급을 회피하고, 방향을 틀고, 상쇄하고, 체화하는 등 잘못된 방식으로 다루고는 합니다.

- 염려가 심할 때 이들 중 어떤 방식을 가장 자주 사용합니까?

- 1번 질문에 대한 답을 참고하여 대답하십시오. 당신은 가장 깊은 죄책감을 어떤 방식으로 다룹니까?

5. 죄책감에 직면하는 것은 그리 유쾌한 일이 못 됩니다. 그것은 종종 과거의 고통스러운 기억을 떠올리게 하기 때문입니다. 그러나 죄책감을 다루지 않으면 문제가 계속될 뿐입니다.

- 당신에게 어떤 죄책감이 있는지 살펴보십시오. 누군가에게 용서를 빌어야 하는 까닭에 마음이 무겁습니까? 그렇다면 용서를 구할 계획을 세우십시오. 전화를 하거나 편지를 쓰십시오. 용서를 구하고 마음의 짐을 내려놓으십시오.

- 시편 32편 3-4절을 다시 읽으십시오. 당신도 그렇습니까? 염려와 두려움 때문에 몸에 이상 증세가 생겼습니까? 어떤 증세인지 이야기해 보십시오.

- 자신이 늘 달아나거나 숨는 것처럼 느껴집니까?

- 그렇다면 이번 주에 그런 느낌을 털어놓을 누군가를 택하십시오. 신뢰할 만한 사람에게 고민을 털어놓으십시오. 때로는 마음속에 있는 무언가를 소리 내 말하는 것으로도 지배에서 벗어날 수 있습니다.

평안을 택하기

6. 우리가 어떤 죄책감을 가지고 있는지 알았으니 이것을 어떻게 건강한 방식으로 해결할 수 있을지 생각해 봅시다. 여기 죄책감을 다루고자 하는 사람들을 위한 좋은 소식이 있습니다.

행복한 성인은 죄의 심각성과 은혜의 무한함을 모두 아는 이다. 죄는 줄어들지 않고, 죄를 용서하시는 하나님의 능력도 줄어들지 않는다. 행복한 성인은 죄가 아니라 은혜 안에 거한다. 그의 영혼은 평안하다.

- 죄의 심각성을 인정하면 은혜의 능력과 영광스러움이 증가한다고 생각합니까? 그렇다면 또는 그렇지 않다면 그 이유는 무엇입니까?

7. 다음을 생각해 보십시오. "내가 구원받은 것은 내가 한 일과는 아무 상관이 없고 온통 예수님이 십자가에서 이루신 일과 상관이 있다."
- 이 말을 사실로 받아들입니까? 그렇다면 그렇게 살고 있습니까?

- 이 말을 사실로 받아들이지 못한다면 다음을 읽어 보십시오. "그것은 당신이 염려의 근원에 다가서지 못했기 때문이다.…… 당신이 한 일은 선하지 않지만 하나님은 선하시다. 그리고 하나님은 당신을 용서하실 것이다. 그분은 당신 인생의 새로운 장을 써 내려갈 준비가 되어 있으시다." 그리고 빌립보서 3장 13-14절을 읽으십시오.

- 은혜가 당신이 행한 그 어떤 일보다 크다는 것을 믿게 해달라고 하나님께 도움을 청하는 기도문을 써 보십시오.

8. 공중곡예사의 이야기를 다시 읽고 생각해 보십시오.
   - 하나님을 전적으로 신뢰하지 못하게 방해하는 것은 무엇입니까?

   - 신뢰를 '연습'한다는 것은 부자연스러워 보일 수 있지만, 사실 여기에는 노력과 훈련이 필요합니다. 성경은 거듭거듭 운동과 관련한 비유를 사용함으로써 우리의 마음과 생각을 훈련하는 데는 매일의 헌신과 훈련이 필요함을 암시합니다. 날마다 죄책감을 주님께 가져가도록 당신의 생각과 마음을 훈련할 실제적인 방법에는 무엇이 있습니까?

"성 패트릭의 기도"

나는 오늘도 일어선다
천국의 힘으로
찬란한 햇빛과
불꽃의 광휘와
번개의 빠르기와
바람의 민첩함과
바다의 깊이와
대지의 안정성과
바위의 굳건함으로

나는 오늘도 일어선다
나를 인도하시는 하나님의 힘으로
나를 떠받치시는 하나님의 능력과
나를 안내하시는 하나님의 지혜로

나는 오늘도 일어선다
천지를 창조하신 주님의
위대한 힘으로[3]

---

3) 저자 미상, "The Prayer of St. Patrick," Beliefnet, http://www.beliefnet.com/prayers/catholic/morning/the-prayer-of-st-patrick.aspx.

3장

의미를 알 수 없는 고난의 시기

: 하나님의 섭리 안에서 기뻐하라

양쪽 관자놀이에 손가락을 대고 이렇게 기도해 보라. "편도체를 주셔서 감사합니다, 주님. 이 아몬드 모양의 신경다발 두 개를 주셔서 감사합니다. 이게 아니었다면 저는 살아남지 못했을 겁니다."

사실이다. 편도체가 없었다면 당신은 살아남지 못했을 것이다. 편도체 덕에 당신은 숲속에서 곰을 만났을 때 달아날 수 있고, 자동차가 경적을 울릴 때 인도 위로 올라설 수 있으며, 야구공이 날아올 때 피할 수 있다.

편도체는 경보 시스템과 같은 역할을 한다. 만약 어떤 사람이 당신의 집 유리창을 깨거나 현관문 손잡이를 비틀어 열고 침입하려 한다면 홈 경비 시스템이 작동할 것이다. 경보음이 울리고 조명이 켜질 것이다. 경비 시스템은 당신이 무슨 생각을 하기도 전에 경보를 발한다. '일어나! 밖으로 나가! 안전한 곳으로 대피해!'

편도체도 마찬가지다. 우리는 '차가 내 쪽으로 달려오네. 차는 크고 나는 작아. 또 차는 빠르고 나는 느리지. 그러니까 피하는 게 좋겠어.' 하고 의식적으로 생각하지 않는다. 그런 생각을 할 새도 없이 편도체가 우리로 하여금 반응하게 한다. 편도체가 명령하면 몸의 나머지 부분이 명령을 수행한다. 동공이 팽창해 더 잘 볼 수 있게 되고, 호흡이 빨라져 폐에 더 많은 산소가 공급된다. 심장 박동도 빨라져 혈액 순환이 잘 되고, 아드레날린이 분비되어 힘이 불끈 솟는다. 그리하여 우리는 더 빠르고 더 강해진다. 위험을 더 잘 피하고 싸움을 더 잘하게 된다. 다쳐서 피가 나면 혈관이 수축해 혈액 손실을 줄인다. 심지어 내장도 반응을 한다. 점심 때 먹은 음식물로 그득한 장을 비움으로써 불필요한 무게를 줄이고자 하는 민망한 상황이 발생하기도 하는 것이다. 갑자기 우리는 더 빠르고 더 강하고 더 민첩해짐으로써 싸우거나 달아날 준비가 된다.[1]

우리는 편도체를 좋아한다.

그러나 지나치게 예민한 편도체는 좋아하지 않는다. 우리는 약한 바람이나 개 짖는 소리에도 경보를 발하는 시스템은 원치 않는다. 그것이 집에 설치된 시스템이든 뇌 안에 있는 시스템이든 말이다.

항구적인 염려는 안절부절못하고 경보를 발하려는 편도체와 같다. 지나치게 예민한 편도체는 피부에 생긴 점을 보고 암이라 생각한다. 경기가 둔화되는 것을 보고 경제 위기라 생각한다. 십 대들이 불평하는 소리를 듣고 '저 아이들은 성인이 되기도 전에 마약을 할 거야.' 하고 결론짓는다. 항구적인 염려는 결코 완전히 꺼지지 않는 정신적인 경보 시스템이다.

---

[1] Taylor Clark, *Nerve: Poise Under Pressure, Serenity Under Stress, and the Brave New Science of Fear and Cool* (New York: Little, Brown, 2011), 25-26.

약간의 염려는 도움이 된다. 위험을 알아차리려면 어느 정도 긴장할 필요가 있기 때문이다. 그러나 지나치게 긴장한 상태로 살아가는 것은 불필요한 일이다.

하나님은 우리의 뇌를 도파민이나 세로토닌 같은 신경전달물질을 자가 공급할 수 있게 만드셨다. 도파민이나 세로토닌은 마음을 안정시키고 기분이 좋아지게 하는 호르몬이다. 그러나 편도체가 활동을 멈추지 않으면 이 호르몬들에게 일할 기회가 주어지지 않는다. 그리하여 우리는 초조하고 불안정하고 불안해진다. 이것은 나쁜 소식이다. 그러나 좋은 소식은 하나님이 우리의 편도체를 진정시킬 수 있다는 사실이다!

바울은 "주 안에서 '항상' 기뻐하라"고 말했다(빌 4:4). 월급날이나 금요일, 일이 잘 풀린 날이나 생일에만 기뻐하지 말고 항상 기뻐하라는 뜻이다. 사람들은 '항상'이라는 말에 의아해하고는 한다.

"그래야겠지요." 병원 침대에 누워 있는 사람이 웅얼거린다.

"어떻게 항상 기뻐하나요?" 실직한 가장이 한숨을 쉬며 말한다.

"항상요?" 장애를 안고 태어난 아기의 어머니가 묻는다.

삶이 순조로울 때는 주 안에서 항상 기뻐하는 게 가능할지 모른다. 그러나 고난이 닥쳐도 그럴 수 있을까?

요셉은 고난을 아는 사람이었다. 이 구약 시대 영웅이 활동한 시기는 사도 바울보다 2천 년가량 앞선다. 그러나 두 사람 모두 감옥에 갇히는 고난을 겪었다. 요셉이 갇혔던 곳은 습하고 어두운 지하 감옥이었다. 창문 하나 없는 그 어두컴컴한 감옥 안에서 요셉은 상한 음식과 씁쓸한 물로 연명해야 했다.

그에게는 도와줄 친구도 없었다. 그러나 요셉은 도와줄 친구가 있다고 믿었다. 감옥 안에서 바로의 신하들과 사귀었기 때문이다. 한 사람은 술을 따르는 신하였고 다른 한 사람은 빵을 굽는 신하였는데, 둘 다 의미를 알 수 없는 꿈 때문에 답답해했다. 그때 꿈을 해석하는 능력이 있던 요셉이 두 사람의 꿈을 해몽해 주었다. 빵 굽는 신하에게는 나쁜 소식을("죽음을 앞두고 있으니 주변 정리를 하시지요.") 술 따르는 신하에게는 좋은 소식을("관직을 회복할 테니 짐을 싸시지요.") 전해 주었다. 요셉은 술 따르는 신하에게 궁으로 돌아가면 바로에게 자기 사정을 잘 말해서 풀려나게 해달라고 청했다. 술 따르는 신하는 그러마고 대답했고, 요셉은 희망에 부풀었다.

그러나 술 따르는 신하는 요셉을 잊어버렸다(창 40:23). 그리고 다른 사람들도 모두 그를 잊은 듯했다. 요셉의 이야기는 버림받음에 관한 이야기다.

요셉의 형들은 요셉의 꿈과 으스대는 태도가 싫어서 요셉을 죽이기로 하고 구덩이 속에 던져 넣었다. 그들의 탐욕이 피에 대한 갈증보다 깃털 하나만큼이라도 더 가벼웠다면 요셉은 목숨을 잃었을 것이다. 그들은 지나가는 상인에게 요셉을 팔았다.

요셉이 그런 일을 겪는 동안 요셉의 아버지는 아무것도 하지 않았다. 당신은 야곱이 갑자기 나타나 요셉을 찾아다닌 끝에 결국 그를 구해서 집으로 데려가는 장면을 기대할 것이다. 그러나 야곱은 그렇게 하지 않았다. 그는 마치 없는 사람과도 같았다.

요셉은 이집트로 끌려가서 가축처럼 경매에 붙여졌다. 아브라함의 증손자가 가장 높은 가격을 부르는 사람에게 팔려갔다.

그러나 요셉은 다시 일어섰다. 그는 열심히 일해서 보디발 집안의 총무가 되었다. 그런데 보디발의 아내가 그에게 추파를 던졌다. 그녀는 요셉의 옷을 잡고 동침하기를 청했지만, 요셉은 옷을 그녀의 손에 버려둔 채 밖으로 뛰쳐나왔다. 그녀가 요셉이 자기를 겁탈하려 했다고 말하자 보디발은 그녀의 편을 들어 요셉을 감옥에 가뒀다. 요셉은 짓지도 않은 죄 때문에 감옥에 갇힌 것이다.

그러나 요셉은 소망을 버리지 않았다. 그는 모범적인 죄수가 되었다. 침구를 정돈하고, 친구를 사귀고, 간수에게 좋은 인상을 주었다. 요셉을 좋게 본 간수는 그에게 감옥 안의 제반 업무를 맡겼다. 요셉은 술 따르는 신하의 꿈을 해석하고 도움을 요청했다. 그러나 술 따르는 신하는 요셉을 금세 잊었다. 그리하여 요셉은 기약 없이 2년을 감옥에서 보내야 했다.

무려 2년이다! 2년이면 소망을 포기할 만큼 긴 시간이다. 세상이 잿빛으로 변하고 두려움이라는 괴물이 모습을 드러내기에 충분한 시간이다. 마음속으로 '이게 하나님이 그 자녀들을 대하는 방식이란 말인가? 이것이 선행에 대한 하나님의 보상이란 말인가? 최선을 다한 결과가 고작 감방과 딱딱한 침상이란 말인가?' 같은 의문을 떠올리기에 충분한 시간이다.

요셉이 실제로 이런 의문을 품었는지 어떤지 우리는 알지 못한다. 그러나 만약 당신이 이런 의문을 품고 있다면 그런 생각을 하는 사람이 당신만은 아니라는 것을 알기 바란다.

어제 데날린과 나는 저녁 시간 대부분을 한 여인에게서 남편이 바람을 피운 이야기를 들으며 보냈다. 이번이 세 번째 외도라고 했다. 그녀는 남편의 여자관계가 다 정리되었다고 생각했었다. 부부 사이에 신뢰가 회복되었고, 두 사람은 보다 많은 대화를 나눴다. 다투는 일은 거의 없었고, 삶은 순탄하게 굴러가는 듯했다.

그러던 어느 날 그녀는 남편의 신용카드 사용내역서를 보게 되었다. 그녀는 남편에게 어떻게 된 일인지 따져 물었고, 남편은 방어적으로 나왔다. 그녀는 다시 예전처럼 남편을 불신하게 되었고, 남편은 집을 나갔다. 모든 게 엉망이 되었다.

그녀는 흐느끼며 말했다. "대체 하나님은 어디 계시는 걸까요?"

당신은 어떤가? 당신은 요셉처럼 감옥에 갇힌 적은 없을 것이다. 아니, 감옥에 갇혔을 수도 있다. 아니면 알코올중독 치료를 받고 있거나, 여성 보호소에 있거나, 실업 상태에 있을 수도 있다. 그리고 '나는 하나님을 믿어. 하지만 하나님은 내가 어떤 상태인지 아실까? 과연 내게 마음을 쓰실까?' 하는 의문을 품을 수도 있다.

이 같은 의문에 대해 이신론은 부정적으로 답한다. 이신론에 의하면 신은 세상을 창조한 후 그대로 방치했기 때문이다.

범신론도 부정적으로 답한다. 범신론에 의하면 창조 세계는 그 세계만의 고유한 이야기나 목적을 가지지 않으며 단지 신의 일부일 뿐이다.

무신론도 부정적으로 답한다. 신의 존재를 부인하는 무신론이 창조 세계에 대한 신의 계획을 부인하는 것은 놀라운 일이 아니다.

반면에 기독교는 긍정적으로 답한다. "그렇다, 하나님이 계시다. 하나님은 창조 세계에 개별적으로 그리고 강력하게 관여하신다."

히브리서 저자는 예수님이 "하나님의 영광의 광채시요 그 본체의 형상이시라 그의 능력의 말씀으로 만물을 붙드신다"(히 1:3)고 말한다. 여기서 '붙드시며'로 번역된 헬라어는 신약성경에서 대개 '데려오다' 또는 '가져오다'의 뜻으로 사용되는 말이다.[2] 사람들은 중풍병자를 침상에 매 예수님께 '데려왔으며,' 가나의 혼인 잔치에서 하인들은 포도주를 연회장에게 '가져왔다.' 그들은 중풍병자와 포도주를 '붙들었다'(참조 눅 5:18, 요 2:8). 목적지까지 안전하게 운반한 것이다.

---

2) Spiros Zodhiates, ed., *Hebrew-Greek Key Word Study Bible: Key Insights into God's Word, New International Version* (Chattanooga, TN: AMG Publishers, 1996), #5770, 2122.

예수님이 "그의 능력의 말씀으로 만물을 붙드신다"는 것은 예수님이 그분이 원하시는 대로 창조 세계를 이끌어 가신다는 뜻이다. 여기서 동사의 시제가 현재진행형인 것은 예수님이 지속적으로 창조 세계에 관여하심을 나타낸다. 예수님은 만유의 주로서 세상 만물을 두루 살피신다.

하나님이 멀게만 느껴지는가? 그분은 멀리 계시지 않다. 하나님은 "모든 것이 있기 전에 계시고 모든 것은 그분에 의해서 유지된다"(골 1:17, 현대인의 성경). 하나님이 뒤로 물러나시면 창조 세계는 무너질 것이다. 하나님이 창조 세계에 관여하지 않으시면 우리의 존재는 연기처럼 사라질 것이다. "우리는 그분 안에서 살고 움직이며 존재하기"(행 17:28, 현대인의 성경) 때문이다.

하나님으로 인해 물은 늘 액체 상태를 유지하고, 바위는 늘 단단하며, 중력 법칙과 열역학 법칙은 세대가 바뀌어도 변하지 않는다. 하나님이 창조 세계를 운행하시기에 여전히 가을이 가면 겨울이 오고 겨울이 가면 봄이 온다. 이 우주에는 질서가 있으며, 하나님은 만물을 붙드신다.

그리고 이 점이 가장 중요한데, 하나님은 모든 일을 그분이 뜻하신 대로 이루신다. 하나님은 "모든 일을 그의 뜻의 결정대로 일하시는"(엡 1:11) 분이다. 여기서 '일하시는'이라는 말은 헬라어 '에네르게

오'(*energeō*)에서 유래했다.[3] 하나님은 모든 것의 배후에 있는 에너지이고 일을 하게 하는 힘이시다. 어떤 순간이나 사건도 하나님의 관리를 벗어난 것이 없다. 하나님은 오케스트라 지휘자처럼 창조 세계 앞에 서서 만물이 각자 자기 파트를 연주하게 하신다.

> 그가 가축을 위한 풀과
> 사람을 위한 채소를 자라게 하시며
> 땅에서 먹을 것이 나게 하셔서
> 사람의 마음을 기쁘게 하는 포도주와
> 사람의 얼굴을 윤택하게 하는 기름과
> 사람의 마음을 힘있게 하는 양식을 주셨도다(시 104:14-15).

하나님은 "해를 악인과 선인에게 비추시며 비를 의로운 자와 불의한 자에게 내려주신다"(마 5:45). 새를 먹여 기르시고 참새를 돌보신다(마 6:26, 10:29). 그분은 모든 것을 돌보시고 우리 삶의 아주 소소한 것까지도 두루 살피신다.

하나님은 일을 즉흥적으로 하는 분이 아니시다. 우주라고 하는 시계의 태엽을 감아 놓고 다른 데로 가버리는 분도 아니시다. "지극히 높으신 하나님이 사람 나라를 다스리시며 자기의 뜻대로 누구든

---

3) 앞의 책 #1919, 2072

지 그 자리에 세우신다"(단 5:21). "오직 재판장이 되시는 하나님만이 사람을 높이기도 하시고 낮추기도 하신다"(시 75:7, 현대인의 성경). "여호와의 분노는 그가 마음에 뜻한 것을 이루실 때까지 그치지 않을 것"(렘 30:24, 현대인의 성경)이다. 여기서 '다스리다', '세우다', '하다', '이루다' 같은 동사들은 하늘에 계신 건축가와 그분의 청사진이 존재하며, 그 청사진에 당신이 포함되어 있음을 말해 준다. "모든 일을 그의 뜻의 결정대로 일하시는 이의 계획을 따라 우리가 예정을 입어 그 안에서 기업이 되었으니"(엡 1:11).

그런데 하나님이 세상을 돌보신다면 요셉은 왜 감옥에 갇힌 것일까? 왜 우리 부부의 친구는 결혼생활에 문제가 생긴 것일까? 왜 하나님은 우리에게 고난을 허용하셨을까? 전능하신 하나님이 왜 고난을 막아 주시지 않을까?

그 고난이 하나님의 보다 높으신 뜻을 이루기 위한 것이라면 하나님은 이를 허용하신다. 요셉 이야기의 나머지 부분을 기억하는가? 바로가 꿈 때문에 심란해하자 술 따르는 신하가 요셉을 떠올렸다. 그는 바로에게 요셉에 대한 이야기를 했고, 요셉은 곧장 감옥에서 바로의 궁전으로 옮겨졌다. 요셉은 바로의 꿈을 해몽했는데, 그것은 앞으로 있을 기근을 경고하는 꿈이었다. 이에 바로는 요셉을 총리로 삼아 흉년에 대비토록 했고, 요셉은 위기를 잘 헤치고 애굽뿐만 아니라 야곱의 집안까지 구원했다.

몇 년 뒤 요셉은 형들에게 말했다. "나에게 못할 짓을 꾸민 것은 틀림없이 형들이오. 하지만 하나님께서는 도리어 그것을 좋게 꾸미시어 오늘날 이렇게 뭇 백성을 살리시지 않았습니까? 그러니 이제 두려워하지들 마십시오. 내가 형들과 형들의 어린것들을 돌봐 드리리다"(창 50:20-21, 공동번역). 이 구절의 핵심 어구 '하지만 하나님께서는'은 하나님의 섭리에 대한 소망을 드러낸다. "나에게 못할 짓을 꾸민 것은 틀림없이 형들이오. 하지만 하나님께서는……." 악이 선으로 바뀌었다. 왜일까? 그것은 요셉이 어떤 상황에서도 하나님을 의뢰했기 때문이다.

요셉은 고난을 하나님의 섭리라고 하는 렌즈를 통해 바라보았다. 당신도 그러기를 바란다. 아니면 평생 날마다 염려가 당신을 따라다닐 것이다. 솔직히 나는 무신론자나 불가지론자들이 겪는 스트레스에 대해 무어라 해줄 말이 없다. 무엇으로 그들의 염려를 줄일 수 있겠는가? 요가로? 단전호흡으로? 스트레스에 좋은 향초로? 그래야 이쑤시개로 마상 창 시합을 하는 격이다.

반면에 하나님의 주권은 우리에게 '하지만 하나님께서는'이라는 문구가 새겨진 검으로 염려의 맹습에 맞서 싸우라고 말한다.

회사가 구조조정에 들어갔다. '하지만 하나님께서는' 여전히 세상을 다스리신다. 암이 재발했다. '하지만 하나님께서는' 여전히 그분의 보좌에 앉아 계신다.

나는 결혼생활 초기에 형편없는 가장이었다. '하지만 하나님께서는' 내게 가정을 이끌어 갈 방법을 보여 주셨다. 나는 근심 걱정이 많은 사람이었다. '하지만 하나님께서는' 계속해서 내게 용기를 불어넣어 주셨다.

요셉의 형들은 요셉을 해치려 했다. 하지만 하나님께서는 그들이 의도한 악을 결국 선으로 바꾸셨다. 하나님은 요셉의 형들에게서 자유 의지를 빼앗지 않으셨다. 하지만 그들의 죄와 죄 된 본성이 그날을 지배하게 두지도 않으셨다. 하나님은 악의 방향을 틀어 선으로 향하게 하셨다. 하나님은 모든 일을 그분의 뜻대로 이루신다. 그분은 창조 세계를 영광스럽게 하려는 계획을 멈추지 않으신다.

하나님의 섭리를 말해 주는 궁극적인 증거는 예수님의 십자가 죽음이다. 이보다 더 악한 일은 없었다. 이보다 더한 암흑의 날은 없었다. 그러나 하나님은 예수님이 십자가에 못 박힐 것을 알고 계셨을 뿐 아니라 그렇게 되도록 예정하셨다. 베드로가 살인자들에게 말한 그대로이다. "이 예수님은 하나님이 미리 아시고 정하신 계획에 따라 여러분에게 넘겨졌는데 여러분이 악한 사람들의 손을 빌려 그분을 십자가에 못 박아 죽였습니다. **그러나 하나님께서는** 예수님을 죽음의 고통에서 풀어 다시 살리셨습니다. 그것은 예수님이 죽음에 붙들려 계실 수 없었기 때문입니다"(행 2:23-24, 현대인의 성경, 강조는 저자 추가).

사람들은 모두들 예수님이 운명하셨다고 생각했지만, 하나님은 아니었다. 하나님의 아들이 죽어서 장사 지낸 바 되었지만 하나님은 그를 죽은 자 가운데서 살리셨다. 하나님은 금요일의 비극을 일요일의 승리로 바꿔놓으셨다.

하나님이 당신에게 이런 반전을 베풀지 못하시겠는가?

삶이 당신을 힘들게 한 것은 안타까운 일이다. 부모님이 당신을 방치한 것은 안타까운 일이다. 선생님이 당신을 무시한 것은 안타까운 일이다. 배우자가 결혼식 날에만 '예' 하고 대답하고 그 후에는 날마다 '아니오'라고 대답하는 것은 안타까운 일이다. 당신이 성희롱을 당하거나 조롱을 당하거나 부당하게 해고된 것은 안타까운 일이다. 당신이 애굽을 탈출하기 전 유대인처럼 사는 것은 안타까운 일이다.

그러나 요셉의 이야기가 우리에게 주는 교훈이 있다면, 그것은 바로 우리에게 선택권이 있다는 사실이다. 우리는 상처를 붙들고 살 수도 있지만 소망을 붙들고 살 수도 있다. 불행의 구렁텅이에서 살 수도 있지만 하나님의 섭리 안에서 살 수도 있다. 고통스러운 삶에 굴복할 수도 있지만 하나님의 완벽하신 계획을 의지할 수도 있다. 그리고 다음과 같은 약속을 믿을 수 있다. "하나님을 사랑하는 자 곧 그의 뜻대로 부르심을 입은 자들에게는 모든 것이 합력하여 선을 이루느니라"(롬 8:28).

벨기에 브뤼셀에 있는 한 유명한 레이스 상점에는 가장 섬세한 패턴의 가장 아름다운 레이스를 짜는 방이 있다. 여기는 하나뿐인 창문에서 쏟아져 들어오는 한 줄기 자연광을 제외하면, 방 안이 온통 칠흑같이 어둡다. 그 안에서 단 한 명의 직공이 레이스를 짜는데 사람이 앉아 있는 자리는 어둡고, 레이스의 패턴 위로만 빛이 떨어진다.[4]

하나님이 당신의 세계에 암흑기를 허락하셨는가? 주위가 너무 어두워 하나님이 보이지 않는가? 상황이라고 하는 레이스의 얽히고설킨 짜임만 보이는가? 왜 그렇게 짜였는지 몰라 답답한가? 그러나 안심하라. 하나님은 패턴을 가지고 계시다. 그분에게는 계획이 있으시다. 하나님은 아직 레이스를 완성하지 않으셨지만 완성하신 후에는 참으로 아름다운 레이스가 드러날 것이다.

얼마 전 나는 예루살렘에 있는 아메리칸콜로니호텔에 다녀왔다. 이스라엘을 여행할 때 가보고 싶은 곳이 많았지만, 그중에서도 가장 가보고 싶은 곳이 바로 그 호텔의 로비였다. 여행 일정에 그곳을 포함시킨 것은 내가 미국인이어서도 아니었고, 호텔의 음식이 맛있다거나 시설이 훌륭해서도 아니었다. 나는 호텔 로비에 걸린, 손으로 쓴 찬송가 가사가 보고 싶었다.

---

4) L. B. Cowman, *Streams in the Desert: 366 Daily Devotional Readings*, ed. Jim Reimann, updated ed. (Grand Rapids, MI: Zondervan, 1997), 462–63. (『사막에 샘이 넘쳐흐르리라』, 복있는사람)

그것은 호레이쇼 스패포드(Horatio Spafford)가 쓴 것으로, 그는 이 찬송가가 전 세계적으로 크게 사랑받으리라고는 꿈에도 생각하지 못했을 것이다. 스패포드는 성공한 변호사이자 장로교회 장로였다. 1871년에 그와 그의 아내 애너는 시카고 대화재로 인해 막대한 재산 피해를 입었다. 1873년 11월에 애너는 아이들을 데리고 유럽으로 여행을 떠났다. 호레이쇼는 처리해야 할 일이 있어서 같이 가지 못했다. 12월 2일, 그는 아내로부터 전보를 받았다. "홀로 살아남았음."[5] 그는 곧 아내와 아이들이 탔던 배가 영국 여객선과 부딪쳐 바다에 가라앉았음을 알게 되었다. 딸 넷이 죽고 애너만 살아남은 것이다. 호레이쇼는 애너를 데리러 영국으로 떠났다. 그때 영국으로 가는 배 안에서 쓴 시가 하나님의 섭리를 노래하는 대표적인 찬송가 가사가 되었다.

호레이쇼와 애너는 훗날 이스라엘로 건너가 어려운 사람들을 돕는 기독교 공동체를 일구었다. 시간이 지나 공동체의 규모가 커지자 성벽 바깥의 커다란 집으로 옮겼는데, 그 집이 호스텔이 되었고 나중에는 호텔이 되었다. 호텔은 지금도 그 자리에 있으면서, 슬픔에 싸인 한 남자가 풍랑이 이는 바다에서 쓴 찬양시를 전시하는 장소로 사용되고 있다.

---

5) "Telegram from Anna Spafford to Horatio Gates Spafford re Being 'Saved Alone' Among Her Traveling Party in the Shipwreck of the Ville du Havre," Library of Congress, https://www.loc.gov/item/mamcol000006.

내 평생에 가는 길 순탄하여
늘 잔잔한 강 같든지
큰 풍파로 무섭고 어렵든지
나의 영혼은 늘 편하다.

저 마귀는 우리를 삼키려고
입 벌리고 달려와도
주 예수는 우리의 대장 되니
끝내 싸워서 이기리라.

내 지은 죄 주홍빛 같더라도
주 예수께 다 아뢰면
그 십자가 피로써 다 씻으사
흰 눈보다 더 정하리라.

저 공중에 구름이 일어나며
큰 나팔이 울릴 때에
주 오셔서 세상을 심판해도
나의 영혼은 겁 없으리.

내 영혼 평안해.

내 영혼 내 영혼 평안해.[6]

  우리도 하나님의 섭리를 믿고 동일한 고백을 할 수 있었으면 한다. 항상.

---

6) Horatio Spafford, "It Is Well with My Soul," CyberHymnal.org, http://cyberhumnal.org/htm/i/t/i/itiswell.htm. ("내 평생에 가는 길", 새찬송가 413장)

창세기 39-40장을 읽으십시오.

혼돈에 맞서기

1. 요셉은 많은 시련을 겪었습니다. 형제들에 의해 노예로 팔리고 보디발의 아내 때문에 누명을 쓰고 감옥에 갇혔습니다. 요셉만큼 세상으로부터 '잊힌' 사람도 드물 것입니다.

- 세상으로부터 잊혀졌다고 느낍니까? 삶의 어떤 영역에서 특히 그런 느낌을 강하게 받습니까?

- "주 안에서 항상 기뻐하라"(빌 4:4)는 말씀을 들으면 어떤 생각이나 기분이 듭니까?

2. 이 장에서 저자는 신이 창조 세계와 상호작용하는 방식을 설명합니다. "하나님은 아실까? 과연 마음을 쓰실까?"라는 질문에 이신론과 범신론과 무신론은 부정적으로 답하지만, 기독교는 "그렇다, 하나님이 계시다. 하나님은 창조 세계에 개별적으로 그리고 강력하게 관여하신다."고 긍정적으로 답한다고 말합니다.

- 당신이라면 하나님이 창조 세계와 상호작용하는 방식을 어떻게 묘사하겠습니까? 그 근거는 무엇입니까?

3. 저자는 "하나님이 뒤로 물러나시면 창조 세계는 무너질 것이다. 하나님이 창조 세계에 관여하지 않으시면 우리의 존재는 연기처럼 사라질 것이다."라고 말합니다.

- 골로새서 1장과 사도행전 17장을 읽으십시오.

- 골로새서 1장과 사도행전 17장은 하나님이 우리의 일상생활에 관여 하신다는 것을 어떤 식으로 설명합니까?

4. 요셉은 계속되는 시련에도 불구하고 믿음을 지켰습니다. 하나님이 왜 요셉에게 한 번도 아니고 여러 번 거듭해서 시련을 겪게 하셨다고 생각합니까?

- 당신은 요셉처럼 반응하면서도, 하나님이 너무 많은 시련을 허락하셔서 어떤 선한 결과도 기대하기 어렵다고 느낀 적이 있습니까? 만약 그렇다면 그것은 하나님의 성품에 대한 당신의 시각에 어떤 영향을 미쳤습니까?

- 당신은 믿음을 지키면 그에 대한 보상이 따라야 한다고 생각합니까? 하나님이 당신의 인내에 상을 주셔야 한다고 생각합니까? 솔직히 답해 보십시오. 그렇게 답한 이유는 무엇입니까?

5. 당신의 삶이나 다른 그리스도인들의 삶에 대해 생각해 보십시오. 몹시 힘든 상황에서 선한 결과가 나온 적이 있습니까?

- 예를 하나 들어 보고 거기서 비롯된 선한 결과들을 말해 보십시오.

- 뉴스에 나오는 끔찍한 사건들과 사랑이 많으신 하나님을 어떻게 조화시킬 수 있을지 이야기해 보십시오.

평안을 택하기

6. "항상 기뻐하는" 능력은 우리의 경험 밖에서 비롯되는 게 틀림없습니다. 잠깐씩 기쁘고 즐거울 수는 있지만 항상 기뻐하기에는 삶이 너무 버겁고 고통스럽기 때문입니다. 만약 요셉이 잠깐씩 경험한 기쁨에 기초해 항상 기뻐하기로 결심했다면 그 결심은 오래가지 못했을 것입니다.

- 이것은 관점의 문제입니다. 잠깐 있다 사라질 무언가에 지나친 애정을 쏟지는 않습니까? 오래 지속되지 못할 무언가에 너무 큰 의미를 두거나 그런 것들에서 자신의 정체성을 찾으려 하지는 않습니까?

- 예수님을 믿고 자신을 하나님의 자녀라 생각하십니까? 그렇다면 이생은 영원에 비해 극히 짧은 시간입니다. 잠깐 있다 사라질 것들이 아니라 장차 올 것들에 의미를 두고 애정을 쏟고 그 안에서 정체성을 어떻게 찾을지 생각해 보십시오.

- '고통과 상처, 상실이 없는 영원'이라는 개념이 지금 여기서 겪는 시련에 대한 위로가 됩니까? 이런 미래가 약속되었다는 사실이 영혼에 기쁨을 줍니까? 그렇다면 또는 그렇지 않다면 그 이유는 무엇입니까?

7. 1번 질문에 대한 답을 참고하여 대답하십시오. 당신이 잊힌 듯한 느낌이 들게 하는 것을 떠올리며 이사야서 49장 15–16절, 이사야서 53장을 읽으십시오.

- 하나님이 우리를 위해 독생자를 죽게 하셨다면 과연 하나님이 당신을 잊으셨다 할 수 있을까요? 예수님이 당신을 위해 고난을 당하셨다면, 예수님이 당신을 사랑하지 않으셔서 당신이 시련(그것이 아무리 혹독할지라도)을 겪는 것이라고 할 수 있을까요?

- 때로 우리는 뜻 모를 고통을 겪기도 합니다. 그 답을 알기 위해 영원히 기다려야 할 수도 있습니다. 그러나 우리는 압니다. 하나님은 우리를 사랑하시며 그분의 손바닥에는 우리 이름이 새겨져 있습니다.

8. 기뻐하는 것이 꼭 웃는 얼굴과 명랑한 태도를 의미하는 것은 아닙니다. 고린도후서 6장 4–10절을 읽어 보십시오.

- 항상 기뻐하는 것이 무엇을 뜻하는지 자신의 말로 적어 보십시오.

9. "우리는 상처를 붙들고 살 수도 있지만 소망을 붙들고 살 수도 있다. 불행의 구렁텅이에서 살 수도 있지만 하나님의 섭리 안에서 살 수도 있다. 고통스러운 삶에 굴복할 수도 있지만 하나님의 완벽하신 계획을 의지할 수도 있다." 로마서 8장 28절을 읽어 보십시오.

- 어떻게 하면 늘 소망을 선택할 수 있을까요? 그렇게 하기 위해서 당신이 포기해야 하는 것은 무엇입니까?

- 염려를 피할 수는 없습니다. 염려가 찾아올 때 무엇을 기뻐하기로 선택하겠습니까?

하나님을 소유하면 모든 것을 소유하는 것이요,
하나님을 잃으면 모든 것을 잃는 것이다.
'그리스도 곁에 머물라.'
비록 당신의 눈은 그분을 보지 못하고
당신의 이성은 그분을 이해할 수 없을지라도.
_ 마르틴 루터[7]

---

7) Martin Luther, Billy Graham Center Museum, Wheaton College, http://ww.wheaton.edu/bgcmuseum/Exhibits/Rotunda-of-Witnesses/Martin-Luther.

C ELEBRATE GOD'S GOODNESS
A SK GOD FOR HELP
L EAVE YOUR CONCERNS WITH HIM
M EDITATE ON GOOD THINGS

Ask

2부 하나님의 도우심 구하기

"너희 구할 것을…… 하나님께 아뢰라"(빌 4:6)

4장

압박 상황에서 평온을 지키는 법
: 하나님이 함께하심을 기억하라

재앙은 붉은 버튼을 한 번 누르는 일만으로도 일어날 수 있다. 쿠바 미사일 위기 때 일이다. 소련 잠수함 네 척이 플로리다 연안을 순회했고, 미군 전함은 폭뢰를 투하했다. 그러자 소련 잠수함 함장은 이성을 잃고 핵어뢰를 발사할 준비를 하라고 지시했다. 소련 잠수함에는 모두 핵탄두를 장착한 어뢰가 하나씩 실려 있었는데, 핵탄두 하나에는 히로시마 원폭에 버금가는 위력이 있었다.

일촉즉발의 상황에서 올바른 사고를 할 수 있었던 한 장교의 침착한 대응이 아니었다면 1962년에 제3차 세계대전이 발발했을지도 모른다. 그 장교의 이름은 바실리 아르키포프로 당시 36세의 소련 잠수함 부함장이었다. 잠수함 승무원들은 시베리아 연안에서 있을 훈련에 참가하러 가는 줄 알고 있다가 나중에야 남서쪽으로 약 8천 킬로미터를 항해하여 쿠바 하바나 인근의 미사일 기지로 가라는 명령을 받은 사실을 알게 되었다.

잠수함은 남쪽으로 향했고, 속도를 높이기 위해 수면 위로 떠올랐다가 허리케인 '데이지'에 휩쓸렸다. 파고가 15미터나 되는 풍랑에 승무원들은 기진맥진했는데 잠수함 설비마저 제대로 작동하지 않았다.

게다가 난류가 밀려왔다. 소련 잠수함은 대서양의 열대 바다가 아니라 극지의 바다에 적합하게 설계되어 있었다. 잠수함 내부 온도가 48도를 웃돌았고, 승무원들은 3주간의 항해 기간 대부분을 더위와 밀실 공포증과 싸워야 했다. 쿠바 해안에 다다랐을 즈음 그들은 몹시 지치고 신경이 곤두서고 불안한 상태였다.

모스크바로부터 다시 북상하여 플로리다 해안선을 순찰하라는 비밀 지령이 내려오자 상황은 더욱 악화되었다. 미국 영해에 들어선 지 얼마 되지 않아 레이더에 전함 열두 척과 항공기 한 대가 포착된 것이다. 그들은 미군에 쫓기고 있었다. 미군 전함에서는 경고용 폭뢰를 투하했고, 소련군 잠수함은 공격당했다고 생각했다.

함장은 냉정을 잃었다. 그는 승무원들을 함장실로 불러 모은 뒤 주먹으로 탁자를 치며 말했다. "이제 공격해야 하네! 우리는 죽겠지만 적을 섬멸할 수 있을 거야. 우리 해군을 욕되게 할 수는 없어!"

금방이라도 전쟁이 발발할 수 있는 상황이었다. 하지만 그때 바실리 아르키포프가 함장에게 면담을 요청했고, 두 사람은 한쪽 구석으로 자리를 옮겼다. 아르키포프는 상관에게 결정을 재고할 것을 촉구하면서, 공격에 앞서 미군과 대화를 하자고 제안했다. 결국 함장은 분노를 가라앉히고 잠수함을 수면 위로 떠오르게 했다.

미군은 소련군을 에워싸고 그들을 감시했다. 당시 미군이 무엇을 하려 했는지는 알 수 없다. 이틀 뒤 소련군이 미군을 피해 안전하게 소련으로 돌아갔기 때문이다.

이 사실은 수십 년간 비밀에 부쳐졌다. 아르키포프는 훈장을 받아 마땅했지만 공을 인정받지 못한 채 남은 평생을 살았다. 이 사건은 2002년이 되어서야 대중에게 공개되었다. 국가안보기록보존소(National Security Archive) 소장의 말처럼 "이 사건을 통해 드러난 것은 바실리 아르키포프라는 사람이 전 세계를 구했다는 것이다."[1]

왜 이 이야기가 중요한가? 당신은 찜통 같은 잠수함에서 3주를 보내지는 않겠지만 엄청난 양의 책을 읽으며 한 학기를 보내야 할 수도 있고, 불황에 맞서 싸워야 할 수도 있다. 병든 아이나 노부모의 침대 옆에서 매일 밤을 보내야 할 수도 있다. 가정이 유지되고, 사업이 순조롭게 굴러가고, 학교가 엉망이 되지 않도록 애써야 할 수도 있다.

당신은 핵탄두를 터뜨리지는 않겠지만 분노를 폭발시키거나, 비난을 쏟거나, 상처 주는 말을 내뱉고 싶은 유혹을 느낄 수도 있다. 제어되지 않은 불안은 파괴적인 결과를 불러온다. 억제되지 않은 스트레스로 인해 상처 받은 사람이 얼마나 많은가?

그러나 한 사람이, 극도로 긴장된 상황이 주는 중압감에 짓눌리기를 거부한 결과 얼마나 큰 재앙을 피할 수 있었는가? 바울이 "너

---

1) Taylor Clark, *Nerve: Poise Under Pressure, Serenity Under Stress, and the Brave New Science of Fear and Cool* (New York: Little, Brown, 2011), 3–9.

희 관용을 모든 사람에게 알게 하라 주께서 가까우시니라 아무 것도 염려하지 말고"(빌 4:5-6)라고 말했을 때 첫 번째 문장에서 환기시키고자 한 것이 바로 이 같은 내적 평온이다.

여기서 '관용'으로 번역된 헬라어 '에피에이케스'(epieikes)는 성숙하고 유연한 성품을 가리킨다.² 그것은 분별 있고 온건하며 상황에 적절한 태도를 뜻한다. 관용적인 사람은 차분하고 공평하고 공정하게 반응한다. 관용적인 사람은 "어떤 사건과 관련한 사실들을 너그러우면서도 이성적인 시각으로 바라본다."³

이 관용은 모든 사람이 알게 된다. 가족들이 알고 친구들이 느낀다. 동료들이 그 관용으로 인해 혜택을 본다. 다른 사람들 같으면 기겁을 하고 달아날 때에도 관용적인 사람들은 침착하게 올바른 사고를 한다. 그리고 그들의 내적 평온은 전염성이 있다.

내적 평온을 지닌 사람은 '하나님이 주관하신다'는 사실을 다른 사람들에게 상기시키는 사람이다. 회사 직원들에게 "우리가 할 일을 하면 곧 괜찮아질 겁니다."라고 말하는 사장이 바로 이런 사람이다. 문제를 발견하고 그 사실을 인정한 뒤 "지금은 힘든 상황이지만

---

2) Gerhard Kittel, ed., *Theological Dictionary of the New Testament*, trans. and ed. Geoffrey W. Bromiley (Grand Rapids, MI: Wm. B. Eerdmans, 1964), 2:588-89.

3) W. E. Vine, *Vine's Expository Dictionary of New Testament Words: A Comprehensive Dictionary of the Original Greek Words with Their Precise Meanings for English Readers* (McLean, VA: MacDonald Publishing, n. d.), "Gentle, Gentleness, Gently," 484-85.

우리는 이 상황을 극복해낼 겁니다."라고 말하는 지도자가 바로 이런 사람이다.

그렇다면 우리는 관용이라고 하는 이 보석을 어디서 찾을 수 있을까? 당신과 나는 어떻게 분노를 폭발시키지 않고 침착성을 발휘할 수 있을까? 모두들 이성을 잃고 허둥거릴 때 어떻게 올바른 사고를 할 수 있을까? 위에서 언급한 바울의 말("너희 관용을 모든 사람에게 알게 하라 주께서 가까우시니라 아무 것도 염려하지 말고") 중 두 번째 문장에서 그 답을 찾을 수 있다.

주께서 가까우시다! 당신은 혼자가 아니다. 당신은 혼자라고 느낄지 모른다. 혼자라고 생각할지 모른다. 그러나 당신이 아무런 도움 없이 홀로 삶에 직면하는 경우는 단 한순간도 없다. 하나님이 늘 곁에 계시기 때문이다. 하나님은 자기 백성들에게 늘 함께하겠다는 약속을 반복적으로 하신다.

아브람에게 하나님은 "두려워하지 말라 나는 네 방패요 너의 지극히 큰 상급이니라"(창 15:1)고 말씀하셨다.

하갈에게 천사가 말했다. "두려워하지 말라 하나님이 저기 있는 아이의 소리를 들으셨나니"(창 21:17).

이삭이 살던 곳에서 쫓겨나 다른 곳으로 옮겨 가야 했을 때 하나님은 그에게 나타나 "두려워하지 말라…… 내가 너와 함께 있으리라"(창 26:24)고 말씀하셨다.

모세가 죽은 후 하나님은 여호수아에게 말씀하셨다. "강하고 담대하라 두려워하지 말며 놀라지 말라 네가 어디로 가든지 네 하나님 여호와가 너와 함께 하느니라"(수 1:9).

다윗이 간음을 했음에도 하나님은 다윗과 함께하셨고, 야곱이 속임수를 썼음에도 하나님은 야곱과 함께하셨으며, 엘리야가 믿음이 부족했음에도 하나님은 엘리야와 함께하셨다.

그리고 스스로를 임마누엘이라 일컬으심으로써 늘 우리와 함께하겠다고 선언하셨다. 하나님은 육체가 되시고, 죄가 되셨으며, 죽음을 이기셨다. 하나님은 지금도 우리와 함께 계신다. 그분은 성령님으로 오셔서 우리를 위로하고, 가르치고, 잘못을 깨닫게 하신다.

하나님이 멀리서 우리를 지켜보고 계신다고 생각하지 말라. '하나님이 우리를 떠나셨다'는 그릇된 생각에 빠지지 말라. 그런 생각에 사로잡힐 경우 고독감으로 인해 문제가 더욱 확대될 것이다. 문제에 부딪치는 것과 혼자서 문제에 부딪치는 것은 완전히 다른 일이다. 고독은 염려를 심화시킨다. 그러므로 혼자라는 생각에서 벗어나 두 손으로 하나님을 꼭 붙드는 사람이 되자. "여호와는 내 편이시라 내가 두려워하지 아니하리니 사람이 내게 어찌할까"(시 118:6).

주께서 가까우시니 우리는 아무것도 염려할 필요가 없다. 이것이 바울이 말하고자 한 요지다. 바울이 편지를 쓰던 중이었음을 기억하라. 그는 장과 절을 구분하지 않았다. 장과 절을 구분하는 방식은 13세기와 16세기 학자들이 고안한 것이다. 이런 방식은 성경을 이해하는 데 도움이 되지만 방해가 되기도 한다. 바울은 5절과 6절이 함께 읽히기를 바랐다. "주께서 가까우시니라 [그러므로] 아무 것도 염려하지 말라." 초기 성서해석가들은 이를 알았다. 크리소스토무스는 이 구절을 "주께서 가까우시니 염려하지 말라"고 풀이하기를 좋아했고[4] 테오도레투스는 "주께서 가까우시니 걱정하지 말라"고 번역했다.[5]

하나님은 우리의 다음 호흡만큼이나 가까이에 계신다. 그러므로 우리는 침착하게 염려를 하나님께 가져갈 수 있다.

오병이어의 기적에서도 이런 교훈을 발견할 수 있다. 근심 걱정이 많은 사람들 앞에서 설교하시던 예수님은 제자들에게 불가능한 일을 시키셨다. 5천 명을 먹이라고 하신 것이다.

"예수께서 눈을 들어 큰 무리가 자기에게로 오는 것을 보시고 빌립에게 이르시되 우리가 어디서 떡을 사서 이 사람들을 먹이겠느냐 하시니 이렇게 말씀하심은 친히 어떻게 하실지를 아시고 빌립을 시험하고자 하심이라"(요 6:5-6). 요한이 '큰 무리'라는 표현을 사

---

4) John Chrysostom, *Homilies on Paul's Letter to the Philippians*, trans. Pauline Allen (Atlanta, GA: Society of Biblical Literature, 2013), 285.
5) *Theodoret of Cyrus: Commentary on the Letters of St Paul*, trans. Robert Charles Hill (Brookline, MA: Holy Cross Orthodox Press, 2001), 2:78.

용했을 때 그것은 매우 진지하게 한 말이었다. 남자만 5천 명에 여자와 아이들까지 더하면 엄청나게 많은 사람들이 운집해 있었기 때문이다(마 14:21). 그 수가 어느 정도였는지는 스포츠 경기장을 가득 메운 사람들을 떠올리면 대충 짐작이 갈 것이다. 예수님은 그 사람들 모두를 먹이고 싶어 하셨다.

반면에 제자들은 그들을 돌려보내고 싶어 했다. "무리를 보내어 마을에 들어가 먹을 것을 사 먹게 하소서"(마 14:15). 그들의 말에서 염려가 감지된다. 화나고 짜증스러운 어조가 느껴진다. 제자들은 예수님을 '선생님'이라고 부르지도 않는다. 그들은 예수님에게 제안을 하는 게 아니라 떼로 몰려가 사람들을 돌려보내라고 말한다. 그들은 들판을 가득 메운 굶주린 사람들의 모습을 상상한다. 주린 배는 곧 찌푸린 얼굴로 변할 것이고, 그렇게 되면 언제 소요가 일어날지 모르는 일 아닌가. 제자들은 염려할 이유가 충분했다.

그렇기는 하지만 또한 마음을 편히 가질 이유도 충분하지 않았을까? 그때쯤 그들은 예수님이 다음과 같은 일을 행하신 것을 알고 있었다.

- 나병 환자를 고쳐주셨다(마 8:3).
- 백부장의 하인을 직접 보지도 않은 상태에서 그의 병을 낫게 하셨다(마 8:13).

- 베드로의 장모를 낫게 하셨다(마 8:15).
- 풍랑이 심한 바다를 잠잠하게 하셨다(마 8:26).
- 중풍병자를 고쳐 주셨다(마 9:6-7).
- 열두 해 동안 혈루증을 앓던 여인을 치유하셨다(마 9:22).
- 죽은 소녀를 살리셨다(마 9:25).
- 귀신을 쫓아내셨다(막 1:25).
- 무덤 사이에서 거처하던 사람에게서 군대 귀신을 쫓아내셨다(막 5:15).
- 물을 포도주로 변하게 하셨다(요 2:9).
- 서른여덟 해 동안 병을 앓던 사람을 낫게 하셨다(요 5:9).

제자들 중 '흠, 예수님은 병자를 고치시고 죽은 소녀를 살리시고 성난 파도를 잠잠하게 하셨지. 그렇다면 무언가 우리가 알지 못하는 해결책을 가지고 계실지도 몰라. 어쨌든 지금 여기 계시니까 여쭈어 보아야겠다'고 생각한 사람이 한 사람이라도 있었던가?

놀랍게도 답은 '아니요!'이다. 제자들은 마치 예수님이 거기 계시지 않은 것처럼 행동했다. 예수님께 의지하기보다는 세상을 창조하신 그분께 돈이 부족해서 아무것도 할 수 없다고 말했다.

예수님은 어떻게 평정을 유지하셨을까? 어떻게 제자들에게 "내가 누구인지 잊었느냐?"고 말씀하시지 않을 수 있었을까?

마침내 한 아이가 점심 바구니를 안드레에게 건넸고, 안드레는 이것을 예수님께 전했다.

예수께서 이르시되 이 사람들로 앉게 하라 하시니 그 곳에 잔디가 많은지라 사람들이 앉으니 수가 오천 명쯤 되더라 예수께서 떡을 가져 축사하신 후에 앉아 있는 자들에게 나눠 주시고 물고기도 그렇게 그들의 원대로 주시니라 그들이 배부른 후에 예수께서 제자들에게 이르시되 남은 조각을 거두고 버리는 것이 없게 하라 하시므로 이에 거두니 보리떡 다섯 개로 먹고 남은 조각이 열두 바구니에 찼더라(요 6:10-13).

돈은 한 푼도 들지 않았다. 그들은 200데나리온을 가지고 하루를 시작했는데 하루가 끝날 때에도 여전히 200데나리온이 남아 있었다. 게다가 남은 음식이 열두 바구니나 되었다. 제자들이 기념으로 하나씩 들고 가도 될 정도였다! 사람들은 배불리 먹었고, 돈은 한 푼도 안 들었으며, 우리는 '예수님이 가까우시므로 아무것도 염려할 필요가 없다'는 교훈을 얻었다.

당신은 5천 명의 굶주린 사람들을 먹여야 하는 상황은 아니지만 마감을 이틀 남겨 두었거나, 사랑하는 사람이 병들었거나, 자녀가 학교에서 괴롭힘을 당하거나, 배우자가 외도를 하는 상태일 수 있다. 문제가 생겼지만 당신에게는 그 문제를 해결할 지혜와 에너지와 인내심과 시간이 부족하다. 당신이 가진 것은 필요한 것에 비해 턱없이 부족하다. 가진 것은 한 움큼인데 필요한 것은 한 양동이인 것이다. 이런 경우 당신은 대개 불안해진다. 그래서 하나님께 문제를 거두어 주십사고 말씀드린다. "제가 감당하기에는 너무 큰일입니다, 주님."

이번에는 당신이 가진 것에서 시작하지 말고 예수님에게서 시작해 보라. 예수님의 부요와 자원, 힘에서부터 시작해 보라. 장부를 펼치기에 앞서 마음을 열라. 동전이나 사람 수를 세기에 앞서 예수님이 당신을 도와주신 횟수를 헤아려 보라. 두려움에 휩싸이기에 앞서 믿음으로 하나님을 의지하라. 잠시 마음을 가다듬고 하나님 아버지께 도움을 청하라.

빌 프레이는 『소망의 춤』이라는 책에서 그가 조지아 주 시골 농장에서 나무 그루터기를 파내려고 애쓰던 때를 회고한다. 당시 그는 열한 살이었는데, 그가 해야 할 일 중 하나는 농가 벽난로와 작은 스토브에 지필 땔감을 모으는 것이었다. 근처 숲속에는 벌목을 하고 남은 소나무 그루터기가 많았다. 품질이 좋은 소나무 그루터기는 송진이 많아 쉽게 불이 붙었기에 그는 이 그루터기를 파내서 작게 쪼개 땔감을 마련했다.

하루는 집 근처 들판에서 커다란 나무 그루터기를 발견하고 그것을 파내려고 애를 썼다. 몇 시간 동안 말 그대로 밀고 당기고 했지만 뿌리가 깊고 커서 파지지 않았다. 계속해서 그루터기와 씨름하는데 퇴근해 돌아오시던 아버지가 나를 보고 다가오셨다.
"뭐가 문제인지 알 것 같구나." 아버지가 말씀하셨다.
"뭔데요?" 내가 여쭈었다.
"너는 네 힘을 다 사용하지 않고 있어." 아버지가 대답하셨다.
나는 화가 나서 내가 얼마나 열심히, 오래 일했는지 말씀드렸다.
"아니." 아버지가 말씀하셨다. "너는 네 힘을 다 쓰지 않고 있어."
내가 마음을 가라앉힌 후 무슨 뜻인지 묻자 아버지는 이렇게 대답하셨다. "너는 아직 내게 도움을 요청하지 않았잖니."[6]

염려를 다루는 일은 나무 그루터기를 뽑는 일과도 같다. 당신이 가진 걱정의 일부는 뿌리가 깊다. 그것을 뽑아내기란 아주아주 힘든 일이며, 사실 최고로 힘든 일일지 모른다. 그러나 당신 혼자 그 일을 할 필요는 없다.

그 일을 하나님께 가지고 가서 도움을 청하라.

하나님이 문제를 해결해 주실까? 해결해 주실 것이다.

---

6) William C. Frey, *The Dance of Hope: Finding Ourselves in the Rhythm of God's Great Story* (Colorado Springs, CO: WaterBrook Press, 2003), 175.

하나님이 문제를 즉시 해결해 주실까? 아마 그러실 것이다. 하지만 어쩌면 당신의 인내심을 시험할 만큼 아주 오래 기다리게 하실지도 모른다.

그러나 이것은 확실하다. 바로 우리가 하나님을 향하면 향할수록 우리에게는 전염성 있는 내적 평온이 생기리라는 것이다.

혼돈에 맞서기

1. 우리는 극도로 긴장된 상황이 주는 중압감에 짓눌려 분노를 폭발시키거나, 비난을 쏟거나, 상처 주는 말을 내뱉고픈 유혹을 느낄 수 있습니다. 제어되지 않은 불안과 스트레스는 다른 사람에게 상처를 입히는 결과를 불러오기도 합니다.

- 당신은 예기치 않은 일에 어떻게 반응합니까?

- 당신과 가까운 사람들은 당신을 "성숙하고 유연하다."고 합니까? 그렇다면 또는 그렇지 않다면 그 이유는 무엇입니까?

- 당신이 화를 억제하지 못하고 충동적으로 반응하게 되는 원인은 무엇입니까?

- 당신은 스트레스를 받는 순간의 본능적인 반응을 컨트롤 할 수 있다고 느낍니까? 이때 도움이 되는 것은 무엇입니까?

2. 당신은 내적 평온을 지닌 사람들을 압니까?

- 그런 사람들 옆에 있으면 어떤 기분이 듭니까?

- 당신은 그런 사람들과 함께 있는 것을 좋아합니까?

- 다른 사람들은 그들에게 어떻게 반응하고 상호작용합니까?

- 내적 평온에서 비롯된 그들의 또 다른 자질이나 특성에는 어떤 것들이 있습니까?

- 침착하게 대응한 한 사람 덕분에 스트레스 상황이 해결된 경우를 떠올려 보십시오.

3. 예수님이 5천 명을 먹이신 이야기를 사복음서에서 모두 찾아 읽으십시오(마 14:13-21, 막 6:30-44, 눅 9:10-17, 요 6:1-15).

- 제자들은 본능적으로 어떻게 반응했습니까?

• 제자들의 입장이 되어 보십시오. 예기치 못하게 50명이나 되는 사람들이 당신 집에 저녁을 먹으러 왔다고 상상해 보십시오. 이때 당신이 무엇을 '할지'가 아니라 어떻게 '반응할지' 생각해 보십시오. 당신은 어떻게 반응할 것 같습니까?

4. 우리는 통제력을 잃고 있다 느낄 때 불안해집니다. 모든 것이 나에게 달렸거나 내가 문제를 해결할 유일한 사람이라 느낄 때 불안해집니다. 따라서 혼자라고 느낄 때 불안감은 더욱 커집니다.

• 언제 완전히 혼자라고 느낍니까?

• 혼자라고 느낄 때 찾아가는 사람이 있습니까?

• 그 사람이 당신을 실망시킨 적이 있습니까? 혹은 그 사람으로 인해 혼자라는 느낌이 더 심해진 적이 있습니까?

평안을 택하기

5. 다른 사람들에게 실망할 때 주님과의 우정은 더없이 귀합니다. 시편 25편 14절을 읽어 보십시오.

• 당신은 주님과 '우정'을 나누고 있습니까?

- 주님을 커피를 마시면서 대화를 나눌 수 있는 좋은 친구로 여길 때 당신이 처한 상황을 바라보는 방식이 어떻게 달라집니까?

- 이번 주에 주님을 친구로 만나는 시간을 가지십시오. 주님이 그 누구보다 더 당신과 함께하며 보고 느끼심을 알고 위안을 얻으십시오.

6. 다른 사람들에게서 진정으로 이해받고 있다 느끼는 경우는 흔치 않습니다. 사실 그것은 당연한 일이 아니라 특별한 호사입니다.
- 시편 139편을 읽고 하나님이 당신에 대해 아시는 것들을 이야기해 보십시오.

- 이 시편에 따르면 하나님이 당신에 대해 모르시는 것이 있습니까? 이 같은 사실은 당신의 기도에 어떤 영향을 미칩니까?

7. 시편 112:6-8절은 내적 평온을 잘 말해 줍니다.
- 이 시편에 따르면 마음의 견고함은 어디에서 비롯됩니까?

- 오늘 하나님이 당신 가까이에 계시다는, 보다 확고한 믿음을 달라고 주님께 청하십시오.

5장

기도로 포장된 평안에 이르는 길

: 염려를 구체적으로 하나님께 아뢰라

판사는 햄프턴에 저택을 가지고 있었다. 저택에 딸린 수영장은 달러 기호 모양이었다. 판사는 쿠바산 시가를 피웠고, 아르마니 정장을 입었으며, 번호판에 'My Way'라고 쓰인 포르셰 911 카레라를 몰았다.

그는 동쪽 해안지대의 모든 마피아 두목들과 마약상들로부터 정기적으로 돈을 받았다. 그들은 판사가 직위를 유지하도록 도와주었고, 판사는 그들이 감옥행을 면하도록 도와주었다. 그들은 판사에게 투표했고, 판사는 그들이 자유롭게 거리를 활보하게 해주었다.

참으로 달콤한 인생인 것이다.

판사는 악당이었다. 그 사실을 그의 어머니도 알았고, 그가 다니는 교회의 목사도 알았다. 자녀들도 알았고, 하나님도 아셨다. 그러나 판사는 전혀 개의치 않았다. 그가 하나님에 대해 다시 생각하거나 정직한 사람에게 다시 한 번 기회를 주는 일 따위는 없었다. 예수님에 의하면 그는 불한당이었다.

확실히 그는 그 과부의 일에 전혀 관심이 없었다. "그 도시에 한 과부가 있어 자주 그에게 가서 내 원수에 대한 나의 원한을 풀어 주소서 하되"(눅 18:3).

그 과부를 에델이라 부르기로 하자. 에델의 차림새는 초라했다. 그녀는 틀어 올린 머리에 촌스러운 원피스를 입고 벼룩시장에서 산 듯한 낡은 운동화를 신었다. 판사가 캐딜락이라면 에델은 중고차였다. 그러나 중고차 치고는 마력이 좋았다. 그녀는 어떤 힘든 상황에서 벗어나기로 마음먹었다. 그것은 어떤 상황이었을까? 빚쟁이에게 시달렸을까? 집주인과 갈등을 빚었을까? 이기적인 이웃 때문에 골치를 앓았을까? 여하튼 누군가가 그녀를 몹시 힘들게 했다. 그녀는 일이 공정하게 해결되기를 바라며 통사정을 해보았지만 아무 소용이 없었다. 그녀는 모든 가능한 방법을 다 썼지만 실패하고 마침내 용기를 내어 판사에게 도움을 청했다.

매일 아침 판사가 차에서 내릴 때 법원 앞 보도에는 에델이 서 있었다. "시간 좀 내주시겠어요, 판사님?"

판사가 사무실에서 나올 때에도 에델이 복도에서 기다리고 있었다. "판사님, 도와주세요."

판사가 식당에서 점심식사를 하고 있으면 에델이 그의 테이블로 다가왔다. 그녀가 어떻게 지배인의 눈을 피해 거기까지 올 수 있었는지 판사로서는 도무지 알 수 없는 노릇이었다. 어쨌거나 그녀는 거기 있었다.

심지어 재판이 진행되는 동안에도 에델은 '도와주세요!'라고 쓰인 팻말을 들고 방청석 제일 앞줄에 앉아 있었다.

에델은 판사의 아내를 귀찮게 하고 비서를 쫓아다녔다. "에델 좀 어떻게 하세요." 그들이 판사에게 말했다. "정말 성가셔 죽겠어요."

"재판관은 얼마 동안 그녀의 간청을 들어주지 않았다"(4절, 현대인의 성경).

하루는 판사가 사무실에서 나와 차 뒷좌석에 올라탔는데 에델이 차 안에서 그를 기다리고 있었다. 판사는 꼼짝없이 그녀의 이야기를 들어야 했다.

그는 에델을 보며 한숨을 쉬었다. "아직도 모르겠소? 나는 사람들을 좋아하지 않아요. 나는 하나님을 믿지 않고, 내 안에는 선한 것이 전혀 없다오. 그런데도 당신은 내게 도와달라고 하는군!"

"아주 조금만 호의를 베풀어 주시면 됩니다." 에델은 집게손가락 끝에서 5밀리미터쯤 내려온 지점에 엄지손가락을 가져다 댔다.

판사가 으르렁거렸다. "당신을 다시 보지 않을 수만 있다면 뭐든 들어주겠소. 원하는 게 뭐요?"

에델은 '과부'니 '파산'이니 '퇴거 명령'이니 하는 말들이 간간이 섞인 이야기를 들려주었다. 그녀가 이야기하는 동안 판사는 창밖을 바라보았다. "그가…… 속으로 생각하되 내가 하나님을 두려워하지 않고 사람을 무시하나 이 과부가 나를 번거롭게 하니 내가 그 원한을 풀어 주리라 그렇지 아니하면 늘 와서 나를 괴롭게 하리라"(4-5절).

마침내 에델이 한숨 돌리려고 말을 멈추자 판사는 손을 내저으며 말했다. "알았어요, 알았어. 부탁을 들어주리다."

"정말이세요?"

"그래요, 하지만 조건이 하나 있소."

"말씀만 하세요."

"다시는 내 앞에 나타나지 말아요!"

"그럴게요. 약속드려요." 에델이 얼굴을 환히 빛내며 말했다. "한 번 안아 보아도 될까요?"

판사는 안 된다고 했지만 에델은 그를 껴안았다.

에델은 차에서 내려 인도 위에서 춤을 추었다. 판사는 투덜대며 멀어졌다. 그리고 독자인 우리는 누가복음을 읽다 말고 생각에 잠긴다. '이 이야기는 무엇을 말하는 것일까?'

부패한 공직자. 끈질긴 민원인. 마지못해 베푸는 자비. 연민이나 관심 따위는 찾아볼 수 없는 이 이야기에 과연 어떤 메시지가 있을까? 하나님은 마지못해 자비를 베푸는 판사이고 우리는 불쌍한 과부일까? 기도는 우리가 원하는 것을 들어주실 때까지 하나님을 성가시게 하는 것일까?

아니다. 이 비유는 비교가 아닌 대조를 위한 이야기이다. 판사는 투덜대고 불평을 하면서도 결국 과부의 청을 들어준다. "하물며 하나님께서 그 밤낮 부르짖는 택하신 자들의 원한을 풀어 주지 아니하시겠느냐…… 속히 그 원한을 풀어 주시리라"(7-8절). 하나님은 마지못해 자비를 베푸는 판사가 아니시고 우리는 불쌍한 과부가 아니다. 이 이야기에 나오는 과부는 사회적 서열이 가장 낮은 계층으로, 부당한 일을 당해도 바로잡아 주기를 청할 데가 없었다. 그러나 당신은 왕이신 하나님의 자녀로서, 언제든 하나님께 나아갈 수 있다.

하나님은 당신을 막지 않으신다. 잠시 기다리라거나 나중에 다시 오라고 하지 않으신다. 하나님은 당신의 목소리 듣기를 좋아하신다. 언제나. 그분은 당신이 부르짖을 때 숨지 않으신다. 하나님은 당신의 기도를 들으신다.

그러므로 "아무 것도 염려하지 말고 다만 모든 일에 기도와 간구로, 너희 구할 것을 감사함으로 하나님께 아뢰라"(빌 4:6).

여기서 바울은 염려에 대해 무언가 조치를 취하라고 우리에게 요청한다. 이제까지 그는 하나님의 주권과 자비와 임재에 대해 이야기했다. 이제 우리가 이 믿음에 의거해 행동할 차례다. 우리는 절망하는 대신 기도할 수 있다. 기도할 때 평안이 찾아온다.

나는 네 살짜리 딸에게 주기도문을 가르친 아버지의 이야기를 좋아한다. 어린 딸은 아버지를 따라 주기도문을 반복하다가 마침내 혼자 해보기로 했다. 아이는 주기도문을 또박또박 말해서 아버지를 기쁘게 했지만 마지막에 이렇게 말했다. "우리를 시험에 들게 하지 마시옵고 다만 이메일에서 구하시옵소서."

요즘 같은 시대에 적절한 기도인 듯하다. 하나님은 우리에게 모든 것에 대해 기도하라고 하신다. '기도'와 '간구', '너희 구할 것'은 다 비슷한 말이지만 완전히 똑같지는 않다. '기도'는 경배와 찬양을 포함하는 일반적인 기도를 가리킨다. '간구'에는 겸손의 뜻이 담겨 있다. 우리는 요구하지 않고 겸손하게 요청한다. '너희 구할 것'은 구체적인 기도를 말한다. 우리는 하나님께 우리가 원하는 것을 정확하게 말씀드린다. 우리의 문제를 자세히 말씀드린다.

예수님은 맹인에게 하신 질문과 같은 질문을 우리에게도 하신다. "무엇을 하여 주기를 원하느냐"(눅 18:41). 이것은 답이 분명한 질문처럼 생각될 것이다. 맹인이 예수님께 도움을 청할 때 그가 원하는 것이 무엇인지는 너무도 분명하지 않은가? 그렇지만 예수님은 그가 자신이 원하는 것을 분명하게 말하기를 원하셨다.

예수님은 우리도 그렇게 하기를 원하신다. "너희 구할 것을 하나님께 아뢰라." 가나의 혼인 잔치에서 포도주가 떨어졌을 때 마리아는 예수님께 단순히 도와 달라고 말하지 않고 "저들에게 포도주가 없다"(요 2:3)고 구체적으로 말했다. 예수님이 들려주신 이야기에 등장하는 한 가난한 사람은 "벗이여 떡 세 덩이를 내게 꾸어 달라"(눅 11:5)고 말했다. 먹을 것을 달라거나 민망한 상황이 벌어지지 않게 도와 달라고 하지 않고 필요한 것을 구체적으로 말한 것이다. 예수님도 겟세마네 동산에서 구체적으로 기도하셨다. "이 잔을 내게서

옮기시옵소서"(눅 22:42). 구체적으로 기도하는 것이 왜 중요한가? 세 가지 이유를 생각할 수 있다.

1. **구체적인 기도는 진지한 기도다.** 만약 내가 당신에게 "언제 한 번 댁으로 찾아가도 될까요?" 하고 묻는다면 당신은 내 말을 진지하게 생각하지 않을 것이다. 그러나 내가 "금요일 밤에 댁에 찾아가도 될까요? 직장에서 문제가 생겼는데, 조언이 필요합니다. 일곱 시까지 갈게요. 그리고 여덟 시 전에는 일어날 겁니다."라고 말한다면 당신은 내가 진지함을 알 것이다. 우리가 구체적으로 기도할 때 하나님은 우리가 진지하다는 것을 아신다.

2. **구체적인 기도는 하나님이 일하시는 것을 볼 수 있는 기회다.** 하나님이 구체적인 기도에 구체적으로 응답하시는 것을 볼 때 우리의 믿음이 자란다. 창세기에는 아브라함의 종의 놀라운 기도가 나온다. 아브라함의 종은 주인의 명을 받고 이삭에게 아내를 찾고자 아브라함의 고향으로 갔다. 종이 어떻게 다른 누군가의 아내를 택할 수 있겠는가? 아브라함의 종은 이 문제를 놓고 기도했다.

> 우리 주인 아브라함의 하나님 여호와여 원하건대 오늘 나에게 순조롭게 만나게 하사 내 주인 아브라함에게 은혜를 베푸시옵소서 성 중 사람의 딸들이 물 길으러 나오겠사오니 내가 우물 곁에 서

있다가 한 소녀에게 이르기를 청하건대 너는 물동이를 기울여 나로 마시게 하라 하리니 그의 대답이 마시라 내가 당신의 낙타에게도 마시게 하리라 하면 그는 주께서 주의 종 이삭을 위하여 정하신 자라 이로 말미암아 주께서 내 주인에게 은혜 베푸심을 내가 알겠나이다(창 24:12-14).

이보다 더 구체적으로 기도할 수 있을까? 아브라함의 종은 맡은 일을 성공적으로 해내기 위해 하나님의 도우심을 구했다. 그는 그가 찾는 사람에게서 정확히 어떤 말을 들을지 정한 뒤 믿음으로 일을 진행했다. 성경에는 그가 "말을 마치기도 전에 리브가가 물동이를 어깨에 메고 나왔다"(15절)고 쓰여 있다. 리브가는 그가 마음에 정한 대답을 했다. 아브라함의 종은 기도 응답을 받았다. 그는 일하시는 하나님을 보았다.

3. 구체적인 기도는 짐을 가볍게 한다. 염려는 대개 그 대상이 정확하지 않고 막연하기 때문에 더욱 위협적으로 느껴진다. 염려를 말로 표현할 수 있으면 그 크기가 줄어들 것이다. '주님, 내일 있을 회의에서 도와주세요.' 하고 기도하는 것과 다음과 같이 구체적으로 기도하는 것은 다르다. '주님, 내일 2시에 상사와 회의를 하기로 되어 있는데 저는 그녀가 무섭습니다. 오늘 밤 숙면을 취할 수 있도록 제게 평안을 주세요. 준비된 상태로 회의실에 들어갈 수 있도록

제게 지혜를 주세요. 상사가 좀 더 부드럽게 저를 대하게 해주시고 그녀에게 관대한 마음을 주세요. 상사와 저 모두에게 유익하고, 주님의 이름을 영화롭게 하는 회의가 되도록 도와주세요!' 이렇게 기도할 때 염려는 기도로 해결할 수 있는 크기로 줄어든다.

그렇다고 하나님께 이런저런 요구를 늘어놓는 조건부 기도를 드리라는 말이 아니다. 기도의 능력이 어떤 정해진 형식을 따르거나 신비로운 문구를 말하는 데 있다는 말도 아니다. 단 한순간이라도 기도의 능력이 우리가 기도하는 방식에 있다고 생각하지 않기를 바란다. 하나님은 우리가 읊조리는 문구나 화려한 언변에 조종당하거나 감동받지 않으신다. 하나님의 마음은 진지한 요청에 움직인다. 그분은 우리의 아버지 아니신가? 하나님의 자녀로서 원하는 것을 정확하게 말씀드리는 것이 하나님을 영광스럽게 하는 것이다.

나는 커피 한 잔을 놓고 하나님과 대화하며 하루를 시작한다. 그날 할 일을 떠올리고 하나님의 도우심을 구한다. '오전 10시에 짐을 만나기로 했습니다. 대화가 원만하게 이루어지도록 지혜를 주세요. 오늘 오후에 설교문을 완성해야 합니다. 좋은 아이디어가 떠오르게 도와주세요.' 그리고 스트레스가 밀려오면 이렇게 스스로를 다독인다. '오, 아침에 이 문제를 하나님께 맡겨 드렸잖아. 하나님이 이미 상황을 주관하고 계셔. 그러니 불안해하지 말고 감사하자.'

"너희 염려를 다 주께 맡기라 이는 그가 너희를 돌보심이라"(벧전 5:7). 맡긴다는 것은 내게 있는 무언가를 다른 누군가에게로 옮긴다는 뜻이다. 당신 안에 염려가 차오르는 게 느껴지면 그것을 그리스도께 맡기라. 즉시 그리고 구체적으로 맡기라.

나는 고등학교 수학 시간에 '내 문제를 맡기는' 일을 잘했다. 내게는 수학 머리가 없었다. 수학 교과서가 마치 중국어 소설책이라도 되는 듯했다. 다행히 수학 선생님은 인내심이 강한 분이셨다. 선생님은 내게 이렇게 말씀하셨다. "잘 안 풀리는 문제가 있으면 가지고 오렴. 내가 도와줄 테니."

나는 선생님 책상과 내 책상 사이를 부지런히 오갔다. 문제가 잘 안 풀릴 때마다 선생님께 가서 "선생님, 도와준다고 하셨죠?" 하고 기억을 상기시켰다. 선생님이 그렇다고 대답하시면 그 즉시 감사와 안도를 느꼈다. 내게는 지금도 문제가 있지만, 나는 해법을 아시는 분께 그 문제를 맡겼다.

당신도 그렇게 하라. 문제를 그리스도께 맡기고 이렇게 말씀드리라. "주님이 도와주겠다고 하셨지요?"

선지자 이사야는 "주께서 하신 약속을 늘 주께 상기시켜 드려야 할 너희는, 가만히 있어서는 안 된다. 늘 상기시켜 드려야 한다"(사 62:6, 표준새번역)고 말했다. 하나님은 이사야에게 "너는 나에게 기억이 나게 하라 우리가 함께 변론하자"(사 43:26)고 말씀하셨다. 하나님은 그분의 약속을 상기시키도록 당신을 초청하신다(그렇다, 명령하신다). 기도할 때 "주님이 말씀하시기를……." 이라고 해보자.

"주님이 말씀하시기를 제가 깊은 물을 지날 때 저와 함께하실 것이라고 하셨습니다"(참조 사 43:2).

"주님이 말씀하시기를 제가 사망의 음침한 골짜기를 지날 때 저와 함께하실 것이라고 하셨습니다"(참조 시 23:4).

"주님이 말씀하시기를 결코 저를 버리거나 떠나지 않겠다고 하셨습니다"(참조 히 13:5).

당신의 문제에 적합한 약속을 찾아서 그 약속에 기초하여 기도하라. 이 같은 믿음의 기도는 하나님을 감동시키고 천사들을 움직인다. 기적이 일어날 계기를 마련한다. 하룻밤 사이에는 아닐지라도 반드시 응답을 받을 것이다. 그리고 문제를 잘 해결하게 될 것이다.

"계속되는 이 전쟁에서 기도는 필수입니다. 열심히, 오래 기도하십시오. 형제자매를 위해 기도하십시오"(엡 6:18, 메시지).

평안에 이르는 길은 기도로 포장되어 있다. 불안에 떨지 말고 기도하라. 머릿속을 염려로 채우지 말고 기도로 채우라. 기도할 때 하나님의 평강이 당신의 마음과 생각을 지키실 것이다. 결국 무엇이 이보다 더 좋을 수 있겠는가?

혼돈에 맞서기

1. 기도에 대한 당신의 태도를 생각해 보십시오. 신앙생활을 오래한 탓에 기도에 무감각해졌을 수도 있고, 믿은 지 얼마 안 되어 기도에 열정적일 수도 있습니다.

- 당신은 기도에 지쳤습니까, 무관심합니까, 아니면 열정적입니까?

- 당신의 기도 생활을 한 문장으로 표현해 보십시오.

2. 누가복음 18장 1-8절의 과부와 재판장 비유를 읽으십시오.

- 이 이야기를 읽고 당신과 과부의 차이점과 하나님과 재판장의 차이점을 적어 보십시오.

- 이 이야기의 주제는 무엇입니까? 이 이야기에는 기도 생활의 어떤 면이 특히 강조되어 있습니까?

3. 이 비유는 "그러나 인자가 올 때에 세상에서 믿음을 보겠느냐?" 라는 질문으로 끝이 납니다.

- 이 질문에 함축된 뜻은 무엇입니까?

- 당신은 이 질문에 어떻게 대답하겠습니까?

4. 하나님은 우리의 기도를 막지 않으시며, 나중에 다시 구하라고도 않으시고, 우리의 기도를 듣기 원하십니다.

- 하나님이 당신의 기도를 듣고 싶어 하신다는 것이 믿기 어렵습니까? 그렇다면 또는 그렇지 않다면 그 이유는 무엇입니까?

- 그렇게 생각하게 된 데 깊은 영향을 끼친 경험이나 상황이 있습니까?

- 하나님이 당신의 기도를 듣고 계심을 확실히 알게 된다면 당신의 기도 생활이 어떻게 달라질 것 같습니까?

5. 누가복음 18장 35-43절을 읽으십시오. 예수님은 맹인을 고치신 뒤 "네 믿음이 너를 구원하였다"고 말씀하셨습니다.

- 맹인에게 믿음이 있다는 것을 어떻게 알 수 있습니까? 이 이야기에 사용된 단어들을 주의 깊게 살펴보십시오.

- 이 이야기에 나오는 사람들을 살펴보십시오. 예수님이 맹인을 고쳐 주시기 전과 후에 그들의 반응은 각각 어떠했습니까?

- 기도의 능력에 대한 당신의 믿음이 다른 사람들과 다를 때 마음이 흔들립니까?

평안을 택하기

6. 이 장에서 저자는 '구체적인' 기도의 유익에 주목합니다. 구체적인 기도는 진지한 기도이고, 하나님이 일하시는 것을 볼 수 있는 기회이며, 짐을 가볍게 합니다.

- 기도할 때 당신의 염려를 구체적으로 하나님께 아룁니까?

- 만약 그렇다면 어떻게 구체적으로 아룁니까? 만약 그렇지 않다면 어떻게 구체적으로 아뢸 수 있을까요?

7. 기도에는 훈련과 헌신이 필요합니다. 애써 기도할 시간을 내야 하며 믿음으로 꾸준히 기도해야 합니다. 하나님이 우리의 기도를 들으신다는 것을 믿지 못한다면 기도하겠다는 결심은 금방 사라질 것입니다. 베드로전서 5장 6-7절을 읽어 보십시오.

- 이 구절에 따르면 우리는 왜 하나님께 염려를 맡겨야 합니까?

- 이것은 우리가 애써 기도해야 하는 이유로 충분합니까?

- 이 구절은 염려를 잊거나 잠시 제쳐 두는 대신 말 그대로 하나님께 맡기라고 합니다. 하나님은 우리에게 짐을 넘겨 달라고 말씀하십니다. 하나님께 염려를 넘겨드린다고 생각할 때 기도 생활이 어떻게 달라질 것 같습니까?

- 날마다 일정한 시간을 정해 그날의 염려 목록을 작성하십시오. 그 목록을 잘 접어서 서랍 등에 넣어 두십시오. 그리고 염려가 느껴지기 시작하면 그날의 염려를 하나님께 맡겼음을 떠올리십시오.

8. 평소에 성경을 읽을 때 특별히 와 닿는 하나님의 약속 세 가지를 적어 두십시오. 하나님께 그 약속을 상기시켜 드리고 그대로 해주시기를 청하십시오.

C ELEBRATE GOD'S GOODNESS
A SK GOD FOR HELP
L EAVE YOUR CONCERNS WITH HIM
M EDITATE ON GOOD THINGS

Leave

3부 하나님께 염려를 맡기기

"감사함으로 하나님께 아뢰라"(빌 4:6)

6장

"만약 ~하기만 하다면" 강 떠나기

: 주께 감사함으로 걱정을 질식시키라

세상에서 제일 폭이 넓은 강이 무엇인지 아는가? 미시시피강? 아마존강? 나일강? 아니다. '만약 ~하기만 하다면'(If Only) 강이다. 수많은 사람들이 '만약 ~하기만 하다면' 강의 둑에 서서 동경의 눈빛으로 건너편을 바라본다. 강을 건너고 싶지만 타고 갈 보트가 없기 때문이다. 그들은 '만약 ~하기만 하다면' 강이 그들을 좋은 삶으로부터 멀리 떨어뜨려 놓았다고 굳게 믿는다.

만약 내가 더 날씬하기만 하다면 좋은 삶을 살 수 있을 텐데.

만약 내가 더 부유하기만 하다면 좋은 삶을 살 수 있을 텐데.

만약 아이가 생긴다면, 만약 아이가 없다면, 만약 집을 떠날 수만 있다면, 이사를 가기만 한다면, 결혼만 한다면, 이혼을 하기만 한다면, 만약 얼굴에 여드름만 없다면, 사람들과 만날 약속이 이렇게 많지만 않다면, 실업 걱정만 없다면…… 그렇다면 좋은 삶을 살 수 있을 텐데.

'만약 ~하기만 하다면' 강이 당신을 가로막고 있다.

당신도 강둑에 서 있는가? 그 강만 건너면 좋은 삶이 기다릴 것 같은가? 만약 승진만 하면, 만약 선거에서 이기면, 만약 애인이 생기면, 더 좋은 삶을 살 수 있을 것 같은가?

그렇다면 우리는 당신의 염려의 원인을 찾은 셈이다. 당신은 조급하게 '만약 ~하기만 하다면' 강을 건너려고 하지만 강을 건너지 못할까 봐 걱정이다. 그래서 더 오래 일하고, 더 많은 돈을 빌리고, 새로운 프로젝트를 따고, 더 많은 책임을 맡는다. 그러면서 스트레스를 받고, 빚을 지고, 잠을 줄이고, 더 오래 일하는 것이다. 이 모든 것이 좋은 삶이 있는 곳으로 건너가는 데 드는 뱃삯이다. 그렇지 않은가?

꼭 그렇지만은 않다고 사도 바울은 말한다. 그에 따르면 좋은 삶은 상황이 변할 때가 아니라 상황에 대한 우리의 태도가 변할 때 시작된다. 염려에 대한 그의 처방을 다시 보자. "아무 것도 염려하지 말고 다만 모든 일에 기도와 간구로, 너희 구할 것을 감사함으로 하나님께 아뢰라 그리하면 모든 지각에 뛰어난 하나님의 평강이 그리스도 예수 안에서 너희 마음과 생각을 지키시리라"(빌 4:6-7).

여기서 바울은 특히 주목해야 할 표현 하나를 사용했다. 바로 '감사함으로'이다. 당신이 "~하는 것을 도와주세요", "~을 주세요", "~을 보여 주세요." 같은 말로 기도할 때 그 안에는 "감사합니다."라는 단어가 들어가 있어야 한다.

감사는 삶의 좋은 점을 깊이 의식하는 것이다. 감사는 최고의 덕목이다. 연구에 의하면 감사에는 많은 긍정적인 효과가 있다. 감사하는 사람은 보다 공감적이고 다른 사람들을 더 잘 용서한다. 감사

일기를 쓰는 사람들은 인생을 보다 긍정적으로 바라본다. 감사하는 사람들은 시기심이나 물질주의적이고 자기중심적인 성향이 덜하다. 감사는 자존감을 발달시키고, 수면의 질을 높이며, 인간관계와 장수에 도움이 된다.[1] 만약 감사를 알약 형태로 만들어 판다면 기적의 명약으로 불릴 것이다. 하나님의 염려 치료법에 감사가 포함되는 것은 그리 놀랄 일이 아니다.

감사는 '만약 ~하기만 하다면' 강의 둑에서 우리를 끌어내 '이미'의 비옥한 평야로 인도한다. 염려하는 마음은 "주님, 제게 이러저러한 것들이 있기만 하다면 잘 지낼 수 있을 것 같습니다." 하고 말한다. 그러나 감사하는 마음은 "오, 주님께서 이미 이러저러한 것들을 제게 주셨군요. 감사합니다, 주님." 하고 말한다.

내 친구 제리는 내게 감사의 가치를 가르쳐 주었다. 그는 일흔여덟 살인데 지금도 정기적으로 골프를 친다. (만약 내가 그 친구처럼 골프를 친다면 백 살까지 살 것이다.) 그의 아내 진저는 파킨슨병을 앓고 있다. 여유롭고 편안해야 할 노후가 잦은 병원 출입과 투약, 병마와의 싸움으로 힘든 시기가 되었다. 진저는 혼자 균형을 잡고 설 수 없을 때가 많아서 늘 제리가 옆에 있어야 한다. 그러나 제리는 불평하는 법

---

[1] Kennon M. Sheldon, Todd B. Kashdan, and Michael F. Steger, eds., *Designing Positive Psychology: Taking Stock and Moving Forward* (New York: Oxford University Press, 2011), 249-54. 다음 글도 참고하라. Amit Amin, "The 31 Benefits of Gratitude You Didn't Know About: How Gratitude Can Change Your Life," Happier Human, http://happierhuman.com/benefits-of-gratitude/.

이 없다. 그는 늘 미소 띤 얼굴로 농담을 한다. 그리고 골프에서 사정없이 나를 이겨버린다. 그에게 비결을 물었더니 이렇게 대답했다. "매일 아침 진저와 나는 함께 찬송가를 부른다네. 내가 무엇을 부르고 싶은지 물으면 진저는 늘 '네가 누리는 복을 세어 보라'(우리말 제목은 '세상 모든 풍파 너를 흔들어'–역주)를 부르자고 하지. 그래서 우리는 그 노래를 부른다네. 그리고 우리가 누리는 복을 세어 보지."

잠시 시간을 내서 제리처럼 해보라. 당신이 누리는 복을 살펴보라. 친구들이 보이는가? 가족이 보이는가? 하나님의 은혜가 보이는가? 하나님의 사랑이 보이는가? 은사가 보이는가? 능력이나 재능이 보이는가? 기술이 보이는가?

당신이 누리는 복을 살펴볼 때 어떤 일이 일어나는지 보라. 염려가 짐을 챙겨 뒷문으로 달아날 것이다. 감사하는 마음에는 걱정이 끼어들 틈이 없다. 진심 어린 감사는 걱정을 질식시킨다. 그러므로 감사의 말을 자주 하라. 당신이 못 가진 것에 초점을 맞추지 말고 가진 것에 초점을 맞추라. 사도 바울은 그렇게 했다.

> 어떠한 형편에든지 나는 자족하기를 배웠노니 나는 비천에 처할 줄도 알고 풍부에 처할 줄도 알아 모든 일 곧 배부름과 배고픔과 풍부와 궁핍에도 처할 줄 아는 일체의 비결을 배웠노라 내게 능력 주시는 자 안에서 내가 모든 것을 할 수 있느니라(빌 4:11–13).

바울의 감옥 생활은 비참했다. 늘 감시를 당해야 했고, 풀려날 희망은 보이지 않았다. 그러나 바울은 손에 쇠고랑을 차고 있으면서도 자족할 수 있는 비결을 배웠다고 말한다.

여기서 바울은 흥미롭게도 '비결'이라는 단어를 사용하고 있다. 그는 '원리'를 배웠다거나 '개념'을 배웠다고 말하지 않고 자족할 수 있는 '비결'을 배웠다고 말한다. 비결이란 남들이 잘 알지 못하는 방법을 가리킨다. 마치 바울이 우리 귀에 대고 "행복의 비결을 알려 줄까요?" 하고 말하는 듯하다.

> 나는 비천에 처할 줄도 알고 풍부에 처할 줄도 알아 모든 일 곧 배부름과 배고픔과 풍부와 궁핍에도 처할 줄 아는 일체의 비결을 배웠노라(12절).

당신의 행복은 어떤 차를 몰고, 어떤 옷을 입고, 예금통장에 얼마가 있느냐에 달렸는가? 만약 그렇다면 당신은 물질주의 사회의 무한 경쟁에 들어선 것이다. 당신은 절대 경쟁에서 이길 수 없다! 아무리 좋은 차와 예쁜 옷을 사도 항상 새로운 차와 더 예쁜 옷이 나오기 때문이다. 경쟁에서 이길 수 없기 때문에 당신은 불안해진다. 소유로 당신을 정의할 경우, 가진 게 많으면 기분이 좋겠지만 가진 게 없으면 기분이 나쁠 것이다.

그 주기는 예측 가능하다. 당신은 '차가 있으면 행복할 거야.' 하고 생각하지만 막상 차가 생기면 차에 대한 관심이 시들해진다. 그리고 다른 데서 기쁨을 얻고자 한다. '결혼하면 행복할 거야.' 하는 생각에 결혼을 하지만 배우자가 당신을 구원해 주지는 않는다. 당신은 '아이가 생기면, 새로운 일이 들어오면, 은퇴할 수 있으면……' 하는 식으로 계속해서 새로운 것들을 추구하겠지만, 기쁨을 느끼는 것은 잠깐이다. 당신은 노년에 이르기까지 계속해서 희망과 실망의 롤러코스터를 탈 것이다. 그리고 삶이 반복적으로 당신을 실망시킨 까닭에 당신은 또다시 실망할까 두려워질 것이다.

조건부 만족은 우리를 상처 입고 걱정 많은 사람으로 만든다.

바울은 보다 건강한 전략을 구사했다. 그는 가진 것에 만족하는 법을 배웠다. 그가 가진 것이 별로 없었음에 비추어볼 때 이는 매우 놀라운 일이다. 바울에게는 집 대신 감방이 있었고, 선교지 대신 벽으로 둘러싸여 있었다. 보석 대신 쇠사슬이 있었고, 아내 대신 간수가 있었다. 그런데 어떻게 만족할 수 있었을까?

간단하다. 사도 바울은 다른 것들에 초점을 맞췄다. 그에게는 영생이 있었고, 하나님의 사랑이 있었다. 죄 사함이 있었고, 구원의 확신이 있었다. 그리스도가 있었고, 그리스도만으로 충분했다. 바울이 그리스도 안에서 가진 것들은 그가 가지지 못한 것들을 훨씬 능가했다.

여기 바울이 빌립보 교인들에게 보낸 편지에 관한 흥미로운 사실이 있다. 바울은 총 104개의 성경 구절에서 예수님을 40번 언급했다. 다시 말해 2.5개 구절마다 한 번 꼴로 그리스도를 이야기한 것이다. "이는 내게 사는 것이 그리스도니 죽는 것도 유익함이라"(빌 1:21).

바울의 유일한 목표는 예수님을 아는 것이었다. 부나 명예는 중요하지 않았고, 죽음도 두렵지 않았다. 그가 원하는 것은 오직 그리스도를 더 잘 아는 것뿐이었다. 그 결과 그는 만족할 수 있었다. 예수님 안에서 바울은 원하는 모든 것을 충족시킬 수 있었다.

당신과 나도 그렇게 할 수 있다. 그리스도에 기초한 만족은 우리를 강한 사람들로 만든다. 누구도 우리에게서 그리스도를 빼앗을 수 없으며 그 무엇도 우리의 기쁨을 앗아갈 수 없다.

죽음이 우리의 기쁨을 앗아갈 수 있을까?
아니다. 예수님은 죽음보다 크시다.
실패가 우리의 기쁨을 앗아갈 수 있을까?
아니다. 예수님은 우리의 죄보다 크시다.
배신이 우리의 기쁨을 앗아갈 수 있을까?
아니다. 예수님은 결코 우리를 떠나지 않으신다.
질병이 우리의 기쁨을 앗아갈 수 있을까?

아니다. 하나님은 무덤의 이편이든 저편이든 우리를 낫게 하겠다고 약속하셨다.
실망이 우리의 기쁨을 앗아갈 수 있을까?
아니다. 설령 우리의 계획이 어긋날지라도 하나님의 계획은 어긋나지 않는다.

죽음이나 실패, 배신, 질병, 실망은 우리의 기쁨을 앗아갈 수 없다. 그것들은 우리에게서 예수님을 빼앗을 수 없기 때문이다.

다음 문장에 밑줄을 그으라. 당신이 그리스도 안에서 가진 것은 당신이 가지지 못한 그 무엇보다 훨씬 크다. 당신에게는 당신을 더없이 사랑하시는 하나님이 계시고 늘 당신을 보호하는 천상의 군대가 있다. 당신 안에는 예수님이 임재하시며, 그리스도 안에서 당신은 모든 것을 소유한다. 그리스도는 그 누구도 앗아갈 수 없는 행복과 다함없는 은혜와 점점 더 커져가는 지혜를 당신에게 주신다. 그분은 마르지 않는 소망의 샘이시다.

나는 몇 년 전 플로리다 주 마이애미 강변에 계류해 둔 보트에서 생활한 적이 있다. 조류의 흐름에 따라 강의 수위가 오르내리고, 다른 배들이 주변을 지나다닐 때마다 강물이 출렁거렸다. 그러나 수위가 변하고 강물이 출렁거려도 보트는 떠내려가지 않았다. 왜? 보트는 안전하게 닻을 내리고 있었기 때문이다.

당신은 어떠한가?

하나님의 성품에 마음의 닻을 내리라. 당신의 보트는 흔들릴 수도 있다. 기분이 이랬다저랬다 할 수도 있고, 상황이 요동칠 수도 있을 것이다. 그러나 절망의 바다로 떠내려가지는 않을 것이다. 당신은 지극히 만족스러운 무언가를 찾았고, 그것이 폭풍을 견디게 할 것이기 때문이다.

더는 '만약 ~하기만 하다면'이라는 생각에 연연하지 말라. 그런 생각은 염려를 키울 뿐이다. '만약 ~하기만 하다면'을 '이미'로 바꾸라. 당신이 이미 가진 것들을 보라. 걱정스러운 생각이 들 때마다 감사한 일들을 떠올리고 기쁨으로 하루를 맞이하라.

혼돈에 맞서기

1. 다음 질문을 생각해 보십시오. "그 강만 건너면 좋은 삶이 기다릴 것 같은가? 만약 승진만 하면, 만약 선거에서 이기면, 만약 애인이 생기면, 더 좋은 삶을 살 수 있을 것 같은가?"

- 최근에 당신의 마음을 어수선하게 한 '만약 ~하기만 하다면'은 무엇입니까?

- 당신의 '만약 ~하기만 하다면'은 좋은 것입니까? 그것에 대한 당신의 헌신이 위험하지는 않습니까?

우리가 원하는 것들은 좋은 것들이지만 때로는 그것들에 대한 집착이 지나칠 때가 있습니다. 아무리 좋은 것도 그것이 궁극적인 목표가 되면 나쁜 것으로 변하기 쉽습니다.

2. 당신의 '만약 ~하기만 하다면'을 추구하기 위해 당신은 어떤 방법을 사용합니까?

- 이 방법들은 건강한 방법들입니까?

- 그렇다면 또는 그렇지 않다면 그 이유는 무엇입니까?

3. 시간을 들여 지난달을 돌아보고 일기를 읽어 보십시오. 일기를 쓰지 않는다면 오늘 하루 마음을 어수선하게 한 것이 무엇인지 생각해 보십시오.

- 대부분의 시간을 어떻게 사용합니까?

- 정신적 에너지를 어떻게 사용합니까?

- 어떤 패턴이 읽히지는 않습니까? 당신의 시간과 생각, 자원을 차지하는 무언가가 있습니까? 이것들은 당신이 '좋은 삶'을 무엇으로 생각한다고 말해 줍니까?

4. 다음 문장에 공감합니까? "당신은 조급하게 '만약 ~하기만 하다면' 강을 건너려고 하지만 강을 건너지 못할까 봐 걱정이다."

- 이루지 못할까 봐 염려되는 인생 계획이 있습니까?

- 만약 그 꿈이 이루어지지 않는다 해도 당신은 삶에서 가치를 찾을 수 있습니까? 그렇다면 또는 그렇지 않다면 그 이유는 무엇입니까?

평안을 택하기

5. 이 장에서는 '만약 ~하기만 하다면'과 '이미'에 대해 이야기합니다. 1번 질문에서 당신의 '만약 ~하기만 하다면'에 대해 설명했는데, 이제 당신의 '이미'에 대해 말해 보십시오.

- 감사하게 여기는 일 중에는 어떤 것들이 있습니까?

- 불가능하리라 생각했는데 실제로 당신에게 일어난 일이 있습니까?

6. 빌립보서 4장 11-13절을 읽으십시오. 여기서 바울은 흥미롭게도 '비결'이라는 단어를 사용합니다. 그는 '원리'나 '개념'을 배웠다고 말하지 않고 자족할 수 있는 '비결'을 배웠다고 말합니다.

- 자족하는 것은 왜 그리 어려운 것 같습니까?

- 당신은 바울이 배운 비결(어떤 상황에서든 자족할 수 있는 비결)을 배울 수 있으리라 생각합니까?

7. 조건부 만족은 사람을 지치게 하고 불안하게 합니다.
   - 당신이 이미 가진 은사에 초점을 맞춘다면 당신의 태도는 어떻게 달라질까요?

   - 또 당신의 인간관계는 어떻게 달라지겠습니까?

7장

그럼에도 두려움을 피할 수 없을 때
: 하나님이 당신에게 말씀하시게 하라

뱃사람들은 어떤 선원도 피할 수 없는 폭풍을 일컬어 '완벽한 폭풍'이라고 한다. 이상적이라는 의미에서가 아니라 여러 요소가 합쳐졌다는 의미에서 완벽하다는 것이다. 완벽한 폭풍은 허리케인처럼 강력한 바람과 추위, 사정없이 퍼붓는 비 등 모든 요소가 합쳐져 극복할 수 없는 재앙을 만든다. 강풍만도 견디기 힘든데 여기에 추위와 폭우까지 더해지면? 재앙을 만드는 완벽한 레시피가 된다.

완벽한 폭풍을 경험하기 위해 반드시 어부가 되어야 하는 것은 아니다. 실업에 불황이 더해지기만 해도 완벽한 폭풍을 경험할 수 있다. 병들었는데 직장까지 옮겨야 한다거나 친구와의 관계가 단절되었는데 대학 입시에 실패한 경우에도 완벽한 폭풍을 경험할 수 있다. 한 가지 시련은 극복할 수 있다. 그러나 한꺼번에 두세 가지 시련이 닥친다면? 파도 뒤에 또 다른 파도가 몰려오고, 강풍이 뇌우를 동반한다면? 그런 경우 당신은 '내가 이 상황을 견딜 수 있을까?' 하고 생각하게 될 것이다.

이 질문에 대한 바울의 답은 심오하고 구체적이다. "모든 지각에 뛰어난 하나님의 평강이 그리스도 예수 안에서 너희 마음과 생각을 지키시리라"(빌 4:7).

우리가 우리 일을 할 때 (주 안에서 기뻐하고, 우리 관용을 사람들이 알게 하고, 모든 것에 대해 기도하고, 늘 감사할 때) 하나님은 하나님의 일을 하신다. 하나님은 우리에게 하나님의 평안을 주신다. 하나님'으로부터의' 평안이 아니라 하나님'의' 평안이라는 데 주목하라. 하나님이 천상의 고요를 주심으로써 우리는 말로 형용할 수 없는 평안을 누린다. 불안한 상황에서도 불안해하지 않고 화나는 상황에서도 위로를 받는다. 하나님의 평안은 모든 논리와 계획을 뛰어넘는다.

이런 종류의 평안은 인간의 노력으로 얻어지지 않는다. 위로부터의 선물이다. "평안을 너희에게 끼치노니 곧 나의 평안을 너희에게 주노라 내가 너희에게 주는 것은 세상이 주는 것과 같지 아니하니라 너희는 마음에 근심하지도 말고 두려워하지도 말라"(요 14:27).

예수님은 당신에게 그분의 평안을 주겠다고 약속하신다. 죄 없이 고발당하셨을 때 예수님의 마음을 차분하게 한 평안. 빌라도에게 말씀하실 때 예수님의 목소리에 안정감을 부여한 평안. 십자가에 달리셨을 때 예수님의 생각을 명징하게 하고 마음을 순결하게 한 평안. 이것이 예수님의 평안이다. 그리고 이것은 당신의 평안이 될 수 있다. 이 평안이 "그리스도 예수 안에서 우리의 마음과 생각을 지킬"(빌 4:7) 것이다.

하나님은 그분을 믿는 사람들의 마음과 생각을 책임지신다. 우리가 기도하고 찬양할 때 하나님은 우리의 마음과 생각 주위에 요새를 지으시고 우리를 사탄의 공격으로부터 보호해 주신다. 다음의 오래된 찬송가 가사에 쓰여 있는 것처럼 말이다.

> 내 주는 강한 성이요 방패와 병기 되시니
> 큰 환난에서 우리를 구하여 내시리로다.[1]

마르틴 루터가 이 찬송시를 쓴 것은 바울 서신이 쓰인 몇백 년 후의 일이다. 그러나 만약 바울이 이 찬송가를 들었다면 그는 확신을 가지고 이 노래를 불렀을 것이다. 바울은 하나님이 주시는 평안과 보호하심을 체험적으로 알고 있었다. 사실 그는 투옥되기 전 그의 생애에 일어난 마지막 주요 사건(가이사랴에서 로마로 가는 도중 그가 타고 있던 배가 난파당한 사건)을 통해 하나님이 주시는 평안과 보호하심을 막 경험한 참이었다.

바울이 '아무것도 염려하지 말고'로 시작하는 단락을 썼을 때 그는 지중해에서 폭풍을 만난 지 얼마 안 된 상태였다. 바울은 가이사랴 항구에서 이탈리아로 향하는 배에 올랐다. 누가와 데살로니가 출신의 그리스도인 형제 아리스다고와 함께였다. 그 배에는 로마의 원형 경기장으로 보내질 죄수들도 몇 명 타고 있었다. 그들은 시

---

1) Martin Luther, "A Mighty Fortress Is Our God," trans. Frederic H. Hedge, http://cyberhymnal.org/htm/m/i/mightyfo.htm. ("내 주는 강한 성이요", 찬송가 585장)

돈까지 순조로운 항해를 이어갔다. 그리고 다음 기착지인 무라에서 다른 배로 옮겨 탔다. 길이가 약 30미터쯤 되고 무게가 천 톤도 더 되었을 그 배는 이집트의 거대한 곡물 운반선으로, 튼튼하기는 했으나 강풍 속에서 항해하기에는 다소 무리가 있었다.[2]

그들은 가까스로 니도 앞바다에 이르렀다가 거기서 그레데 섬의 남쪽 해안을 따라 미항에 도착했다. 이름대로라면 아름다웠어야 할 그 항구는 그러나 보기에 아름답지 않았다. 아마도 사람들을 끌어모으기 위해 그 지역 상인조합에서 지은 이름이 아닐까 싶다.

선원들은 미항에 머물기를 원치 않았다. 겨울이 오기 전에 로마에 도착하기는 힘들거라 생각했지만, 미항보다는 뵈닉스 항에서 겨울을 나고 싶어 했다.

바울은 그들을 설득해 출항하지 못하게 하려고 애썼다. 그들은 해상에서 폭풍과 파선을 겪어 본 바울의 말에 귀를 기울였어야 했다. 고대의 기록에 의하면 연중 그맘때 항해하는 것은 "햇빛이 흐릿하고 밤이 길며 안개가 짙어서 시야가 흐린데다 비바람과 눈보라까지 쳐서"[3] 위험한 일이었다. 바울은 겨울 항해의 위험성을 알고 있었기에 강력하게 경고했다. 그러나 선장의 눈에 바울은 한낱 유대

---

2) John B. Polhill, *Acts*, vol. 26, *The New American Commentary*, ed. David S. Dockery (Nashville, TN: Broadman and Holman, 1992), 517.

3) William J. Larkin Jr., *Acts*, The IVP New Testament Commentary Series, ed. Grant R. Osborne (Downers Grove, IL: InterVarsity Press, 1995), 369.

인 설교자일 뿐이었다. 그리하여 그들은 닻을 올리고 겨울을 나기에 보다 적당한 항구를 향해 출발했다(행 27:1-12).

그러나 "얼마 안 되어 섬 가운데로부터 유라굴로라는 광풍이 크게 일어났다"(14절). 유라굴로는 동풍을 뜻하는 헬라어 '에우로스'(*euros*)와 북풍을 뜻하는 라틴어 '아퀼로'(*aquilo*)가 합쳐진 말이다.[4] 이 바람을 그 의미대로 '북동풍'이라 번역한 성경 번역본도 있다.[5] 기온이 뚝 떨어지고, 강풍에 돛이 펄럭거렸으며, 파도가 높이 일었다. 선원들은 육지가 나타나기만을 고대했지만 육지는 보이지 않았다. 그들은 폭풍을 보았지만 그것을 피할 수 없었다.

완벽한 폭풍을 만드는 요소들이 한데 모였다.

겨울 바다

사나운 바람

다루기 힘든 배

인내심이 부족한 선원들

이 문제들은 개별적으로 다루면 해결할 수 있지만, 한데 합쳐지면 가공할 힘이 생긴다. 그리하여 선원들은 그 상황에서 그들이 할

---

4) Darrell L. Bock, *Acts*, Baker Exegetical Commentary on the New Testament, eds. Robert W. Yarbrough and Robert H. Stein (Grand Rapids, MI: Baker Academic, 2007), 747.
5) 예를 들면 ESV, NIV, NLT, 메시지 성경 등이 있다.

수 있는 일을 했다. 거룻배를 끌어 올리고 밧줄로 선체를 둘러 감았다. 닻을 내리고 짐을 버렸으며, 배의 장비까지 바다에 던졌다. 그러나 아무 소용이 없었다.

20절을 보라. 마치 사형 선고처럼 읽힌다. "여러 날 동안 해도 별도 보이지 아니하고 큰 풍랑이 그대로 있으매 구원의 여망마저 없어졌더라."

완벽한 폭풍이 위력을 발휘한 것이다.

그렇게 14일이 지났다(27절)! 당신 같으면 열네 시간도 견디기 힘들었을 것이다. (나라면 14분도 견디지 못했을 것이다.) 그런데 해도 별도 보이지 않는 날들이 2주나 지속된다면 어떨 것 같은가? 그들이 탄 배는 하늘을 향해 솟구쳤다 바닷속으로 가라앉았기를 14일이나 했다. 바다는 거대한 물보라를 일으키며 노호했고, 선원들은 식사할 의욕조차 잃었다. 그들은 희망을 잃고 모든 것을 포기했다. 그리고 그들이 포기했을 때 바울이 말했다.

여러 사람이 오래 먹지 못하였으매 바울이 가운데 서서 말하되 여러분이여 내 말을 듣고 그레데에서 떠나지 아니하여 이 타격과 손상을 면하였더라면 좋을 뻔하였느니라 내가 너희를 권하노니 이제는 안심하라 너희 중 아무도 생명에는 아무런 손상이 없겠고 오직 배뿐이리라(21-22절).

얼마나 대조적인가. 폭풍 속에서 항해하는 법을 알았던 선원들은 희망을 버렸지만, 항해에 대한 지식이 별로 없으리라 추정되는 유대인 설교자 바울은 용기를 전파하는 메신저가 되었다. 바울은 그들이 알지 못하는 무엇을 알았던 것일까?

바울의 말이 도움이 되는가? 당신이 탄 배도 북동풍 속에서 악전고투하고 있는가? 위의 이야기에 나오는 선원들처럼 당신은 당신이 할 수 있는 일을 다 했다. 밧줄로 배를 감고 닻을 내렸다. 은행에 가서 대출 상담을 받고, 식단을 바꾸고, 변호사를 만나고, 상사를 만나고, 예산을 줄였다. 재활훈련을 받고 상담 치료를 받았다. 그러나 바다는 성난 물결을 일으키며 몸을 뒤친다. 사방에서 두려움이 몰려오는가? 그렇다면 하나님으로 말씀하시게 하라. 하나님이 선원들에게 주신 완벽한 평안을 당신에게도 주시게 하라.

바울은 책망으로 말문을 연다. "여러분이여 내 말을 듣고…… 손상을 면하였더라면 좋을 뻔하였느니라." 우리는 책망을 듣거나 잘못을 지적당하거나 견책받기를 좋아하지 않는다. 그러나 하나님의 경고를 무시할 때 우리는 견책을 받게 되어 있다.

당신은 어떤가? 하나님의 말씀을 듣지 않은 탓에 염려의 폭풍 속에 휘말려 있지는 않은가? 하나님은 외도를 하면 가정이 엉망이 될 것이라 말씀하셨지만 당신은 듣지 않았다. 하나님은 돈을 빌리면 그 돈을 빌려준 사람의 노예가 된다고 말씀하셨지만 당신은 돈을 빌렸다. 하나님은 배우자를 소중히 여기고 자녀를 키우라고 말씀하셨지만 당신은 경력을 소중히 여기고 악을 키웠다. 하나님은 나쁜 사람들과 술과 한가한 때를 조심하라고 말씀하셨지만 당신은 듣지 않았다. 그리하여 지금 당신은 스스로가 만든 폭풍 한가운데 있다.

만약 당신이 이 같은 상황에 있다면 하나님의 책망을 들으라. 하나님은 사랑하는 자를 견책하신다. 당신의 죄를 고백하고 앞으로는 달라지겠다고 마음먹으라. 다음번에는 보다 지혜롭게 행동하라. 당신의 잘못된 선택으로부터 배우라. 그러나 절망하지는 말라. 이 이야기에는 책망이 하나 나오지만 폭풍 한가운데 있는 우리를 평안하게 할 약속은 세 가지나 포함되어 있다.

첫 번째, 천상에는 당신을 돕는 이들이 있다. 바울은 "하나님의 사자가 어제 밤에 내 곁에 서"(23절) 있었다고 말했다. 폭풍에 휩쓸려 가라앉는 배의 갑판에서 바울은 하늘로부터 온 방문자를 영접했다. 천사가 와서 그의 곁에 선 것이다. 천사는 지금도 우리를 도우러 온다.

성경에는 이런 생각을 뒷받침하는 구절이 많다. "모든 천사들은 섬기는 영으로서 구원 받을 상속자들을 위하여 섬기라고 보내심이 아니냐"(히 1:14).

다니엘 선지자는 천사들의 도움을 경험했다. 그는 전쟁을 예고하는 환상을 보고 기도하기로 마음먹었다. 그리고 3주 뒤, 다니엘은

세마포 옷을 입고 허리에 순금 띠를 두른 사람을 보았다. 그의 몸은 황옥 같고 얼굴은 번개처럼 빛났으며 눈은 타오르는 횃불 같았다. 팔다리는 광택 나는 구리처럼 빛났고, 목소리는 큰 무리의 소리와도 같았다(단 10:5-6). 다니엘이 놀라 쓰러지자 천사가 말했다.

다니엘아 두려워하지 말라 네가 깨달으려 하여 네 하나님 앞에 스스로 겸비하게 하기로 결심하던 첫날부터 네 말이 응답 받았으므로 내가 네 말로 말미암아 왔느니라 그런데 바사 왕국의 군주가 이십일 일 동안 나를 막았으므로 내가 거기 바사 왕국의 왕들과 함께 머물러 있더니 가장 높은 군주 중 하나인 미가엘이 와서 나를 도와주므로 이제 내가 마지막 날에 네 백성이 당할 일을 네게 깨닫게 하러 왔노라(12-14절).

다니엘이 기도를 시작한 순간부터 하나님은 그 기도를 들으시고 천사를 보내셨다. 그러나 악령이 천사를 가로막았다. 천사는 3주 동안 붙들려 있다가 천사장 미가엘이 와서 도와준 덕에 빠져나올 수 있었다. 봉쇄는 풀렸고, 다니엘의 기도는 응답받았다.

당신은 기도 응답을 받지 못했는가? 하나님이 당신의 기도에 묵묵부답이신가? 당신은 기도와 기도 응답 사이에서 헤매고 있는가? 사탄이 방해하고 있다고 느끼는가?

만약 그렇다면, 제발 부탁인데 포기하지 말라. 하나님은 천사가 다니엘에게 한 말을 당신에게 하신다. "네가 깨달음을 얻기 위해 네 하나님 앞에서 자신을 낮추려고 결심한 첫날부터 하나님은 네 기도를 들으셨다"(단 10:12, 현대인의 성경).

하나님은 당신의 기도를 들으셨고, 당신을 위해 천군 천사들을 보내셨다. 하나님은 "내가 너를 대적하는 자를 대적하리라"(사 49:25)고 약속하신다.

다니엘처럼 늘 주님 앞에 있으라.

오직 여호와를 앙망하는 자는 새 힘을 얻으리니
독수리가 날개치며 올라감 같을 것이요
달음박질하여도 곤비하지 아니하겠고
걸어가도 피곤하지 아니하리로다(사 40:31).

천사는 사드락과 메삭과 아벳느고를 맹렬히 타는 불길에서 지켜 주었다(단 3:23-26). 그들은 당신도 지킬 수 있다. 천사는 베드로를 감옥에서 나오게 했다(행 12:5-9). 그들은 당신도 속박에서 벗어나게 할 수 있다. "그가 너를 위하여 그의 천사들을 명령하사 네 모든 길에서 너를 지키게 하심이라"(시 91:11). 천상에는 당신을 돕는 이들이 있다. 그리고……

두 번째, 천상에는 당신을 위한 자리가 있다. 바울은 이것을 알고 있었다. "내가 속한 바 곧 내가 섬기는 하나님의 사자가 어제 밤에 내 곁에 서서"(행 27:23).

부모가 자녀를 여름 캠프에 보낼 때 몇 가지 서류에 서명해야 한다. 그중에는 보호자가 누구인지 묻는 서류도 있다. 만약 조니가 팔이 부러졌거나 수지가 홍역에 걸리면 그 아이들을 위해 달려올 책임자가 필요하기 때문이다. 바라건대 조니와 수지의 부모가 서명을 했기를…….

하나님은 서명하셨다. 당신이 하나님께 삶을 드렸을 때 하나님은 당신의 보호자가 되셨다. 하나님은 당신을 돌보아 주시고 훗날 당신을 안전하게 천상의 항구로 인도하실 것이다. 당신은 하나님의 양이고 하나님은 당신의 목자이시다. "나는 선한 목자라 나는 내 양을 알고 양도 나를 안다"(요 10:14).

당신은 신부이고 하나님은 신랑이시다. 교회는 "신부가 남편을 위하여 단장한"(계 21:2) 것처럼 신랑을 맞을 준비를 하는 중이다. 당신은 하나님의 자녀이고 하나님은 당신의 아버지이시다. "그러므로 네가 이후로는 종이 아니요 아들이니 아들이면 하나님으로 말미암아 유업을 받을 자니라"(갈 4:7).

당신은 폭풍 속에서도 평안을 누릴 수 있다. 당신은 혼자가 아니며 하나님께 속해 있기 때문이다. 그리고……

세 번째, 당신은 주님을 섬긴다. "내가 속한 바 곧 내가 섬기는 하나님의 사자가 어제 밤에 내 곁에 서서"(행 27:23).

하나님은 바울에게 로마에 복음을 전하는 임무를 주셨다. 바울은 아직 로마에 도착하지 않았고, 그래서 하나님은 그와의 일을 끝내지 않으셨다. 하나님이 그와의 일을 끝내지 않으셨기에 바울은 자신이 죽지 않으리라는 것을 알았다.

우리 대부분은 바울처럼 분명한 메시지를 받지는 않는다. 그러나 우리에게는 정해진 수명보다 하루라도 덜 살지 않으리라는 확신이 있다. 만약 당신이 어떤 일을 하기를 하나님께서 원하신다면 하나님은 당신이 그 일을 하도록 살려 두실 것이다. "나를 위하여 정한 날이 하루도 되기 전에 주의 책에 다 기록이 되었나이다"(시 139:16).

누구의 삶도 너무 짧거나 너무 길지 않다. 당신은 당신을 위해 정해진 날을 다 채울 것이다. 당신은 당신에게 정해진 날의 질을 바꿀 수는 있어도 양을 바꿀 수는 없다.

이제 더는 당신에게 시련이 없을 거라는 이야기가 아니다. 오히려 그 반대이다. 바울은 시련을 겪었고, 당신도 그럴 것이다. "내가 너희를 권하노니 이제는 안심하라 너희 중 아무도 생명에는 아무런 손상이 없겠고 오직 배뿐이리라"(행 27:22).

배를 잃는 것은 고통스러운 일이다. 배는 당신을 지켜 주고, 지탱하고, 보호하고, 지지한다. 배는 당신의 결혼 생활이고, 몸이고, 사업이다. 배가 있어서 당신은 수면 위에 떠 있을 수 있다. 그리고 이제 배가 사라졌기에 당신은 물속에 가라앉으리라고 생각한다. 그 생각이 옳다. 당신은 가라앉을 것이다. 거친 파도가 당신을 뒤덮을 것이고, 당신은 두려움의 해류에 빨려 들어갈 것이다. 그러나 안심하라고 바울은 말한다. 담대하라고 그리스도께서 말씀하신다. "세상에서는 너희가 환난을 당하나 담대하라 내가 세상을 이기었노라"(요 16:33).

당신은 모든 것을 잃었다고 생각하겠지만, 사실은 그렇지 않다. 당신이 시련을 겪는 내내 하나님은 당신 곁에 계신다.

하나님은 폭풍이 없는 삶을 약속하지는 않으셨지만, 당신이 폭풍을 만날 때 옆에 계시겠다고 약속하셨다. 하나님이 여호사밧왕에게 어떻게 하셨는지 생각해 보라. 여호사밧은 35세에 왕위를 이어받아 25년간 나라를 다스렸다.

역대하에는 모압 사람들이 주변 국가들과 연합해 유다를 침략하는 이야기가 나온다(대하 20). 그것은 완벽한 폭풍의 군대 버전이라 할 수 있다. 한 나라의 군대가 쳐들어온다면 막을 수 있을지 모른다. 그러나 두 나라의 군대가 연합하고 이들이 또 다른 나라의 군대와 연합하여 쳐들어온다면 어떨까? 두세 나라의 연합군을 막아내기는 어려울 것이다.

적의 연합군에 대한 여호사밧의 대응은 염려 치료법 교과서에 실릴 만하다. 그는 "여호와께로 낯을 향하여 간구"(대하 20:3)했고, "온 유다 백성에게 금식하라 공포"(3절)했다. 기도로 하나님께 부르짖으며(6-12절), "이 큰 무리를 우리가 대적할 능력이 없고 어떻게 할 줄도 알지 못하옵고 오직 주만 바라보나이다"(12절)라고 고백했다.

하나님께서는 그에게 다음과 같은 메시지를 주셨다. "이 큰 무리로 말미암아 두려워하거나 놀라지 말라 이 전쟁은 너희에게 속한 것이 아니요 하나님께 속한 것이니라"(15절).

여호사밧은 하나님을 전적으로 신뢰했기에 찬양대를 부대의 선두에 세우는 놀라운 결정을 내렸다. 찬양대원들은 자신들이 부대의 선두에 서리라고는 상상도 못 했을 것이다. 그러나 여호사밧은 진짜 전투는 영적 전투임을 알았기 때문에 예배로 전투를 이끌었다. 그들이 전장에 이르렀을 즈음 전투는 이미 끝나 있었다. 적들이 혼란을 일으켜 자기들끼리 싸운 덕에 유다 백성은 칼을 들 필요조차 없었다(21-24절).

여호사밧왕에게서 배우라. 예배로 시작하라. 기도와 찬양으로 하나님 아버지께 나아가라. 두려움을 고백하라. 하나님의 백성들을 모으라. 얼굴을 하나님께로 향하라. 금식하라. 하나님의 도우심을 구하라. 스스로의 연약함을 인정하라. 그런 다음 하나님께서 움직이시면 당신도 움직이라. 하나님이 당신을 위해 싸우시기를 기대하라. 하나님은 당신의 다음 호흡만큼이나 가까이 계시다.

노아 드루는 이를 증명하는 산 증인이다. 그는 두 살 때 예수님의 임재를 경험했다. 당시 노아의 가족은 차를 몰고 동네 수영장에 가던 중이었다. 노아의 어머니 리 애너가 운전을 아주 천천히 한 탓에 차의 자동잠금장치가 작동하지 않았다. 그때 노아가 문을 열고 차 바깥으로 떨어졌다. 리 애너는 순간 무언가를 밟고 지나간 듯한 느낌에 재빨리 차를 세웠다. 남편 벤이 차에서 뛰어내려 도로에 떨어진 노아를 발견했다. 그는 "살아 있어!" 하고 외치고는 노아를 안아 차 뒷좌석에 눕혔다. 노아는 다리가 피투성이였고 온몸을 격렬하게 떨고 있었다. 리 애너는 서둘러 뒷좌석으로 가서 노아를 무릎에 뉘였고, 벤은 병원 응급실을 향해 차를 몰았다.

검사 결과 놀랍게도 뼈가 상한 곳이 한 군데도 없었다. 2톤이 넘는 차에 다리를 치였는데 노아는 가벼운 찰과상만 입었을 뿐이다.

그날 밤 리 애너는 무릎을 꿇고 예수님께 감사 기도를 드렸다. 그런 다음 침대에 누운 아이 옆에 몸을 뉘었다. 노아는 잠든 것 같았다. 적어도 그녀가 보기에는 그랬다. 그렇게 어둠 속에 아이와 함께 누워 있는데 노아가 말했다.

"엄마, 예수님이 나를 받아 주셨어요."

리 애너가 말했다. "그랬어?"

노아가 대답했다. "예수님께 고맙다고 말했더니 예수님이 '천만에'라고 하셨어요."

그날 밤에 기도할 때 노아는 "받아 주셔서 고맙습니다, 예수님." 하고 말했다.[6]

북동풍은 우리의 가장 좋은 것들을 망가뜨린다. 역풍과 거센 파도로 우리를 힘들게 한다. 그러나 예수님은 그의 자녀들을 받아 주신다. 예수님은 지금도 팔을 내밀고 계시며, 지금도 천사들을 보내 주신다. 당신은 예수님께 속해 있기에 폭풍 속에서도 평안을 누릴 수 있다. 바울에게 천사를 보내신 바로 그 예수님이 당신에게 말씀하신다. "네가 물 가운데로 지날 때에 내가 너와 함께 할 것이라"(사 43:2).

당신은 완벽한 폭풍을 만날 수 있지만, 그런 당신에게 예수님은 완벽한 평안을 주신다.

---

6) 나와 관련한 개인적인 이야기로, 허락받고 사용함.

오 하나님, 이른 아침에 당신께 부르짖나이다.
저로 기도하게 하시고 당신께 마음을 모으게 하소서.
저 혼자서는 할 수 없기 때문입니다.
제 안에는 어둠이 있지만 당신과 함께라면 빛이 있습니다.
저는 고독하지만 당신께서는 저를 홀로 두지 않으십니다.
제게는 용기가 없지만 당신과 함께라면 도움이 있고
제게는 쉼이 없지만 당신과 함께라면 평안이 있으며
제 안에는 고통이 있지만 당신과 함께라면 인내가 있습니다.
저는 당신의 길을 이해하지 못하지만
당신께서는 제 길을 아십니다.
이 밤, 하늘에 계시는 우리 아버지께 찬양과 감사를 드립니다.
 _ 디트리히 본회퍼, 베를린의 테겔 감옥에서 쓴 기도문[7]

---

7) Dietrich Bonhoeffer, "Dietrich Bonhoeffer's Prayer from Prison……," *bonhoefferblog*, https://bonhoefferblog.wordpress.com/category/prayer/.

혼돈에 맞서기

1. 도저히 견디기 힘들 것 같은 시기를 보낸 적이 있습니까?
   - 현재 그런 시기를 보내고 있습니까?

   - 이 시기가 힘들었던 다른 상황들과 어떻게 다릅니까?

2. 플래너리 오코너는 "인간의 모든 본성은 은혜를 강력하게 거부한다. 은혜는 우리를 변화시키는데, 변화는 고통스럽기 때문이다."[8]라고 썼습니다. 고통스러운 경험은 그것이 삶을 변화시킨다는 사실로 인해 더욱 힘들게 느껴집니다.
   - 당신은 인생에서 가장 힘든 시기를 겪으면서 변화되었습니까? 어떻게 변화되었습니까?

---

8) Flannery O'Connor, *The Habit of Being: Letters of Flannery O'Connor*, ed. Sally Fitzgerald (New York: Farrar, Straus and Giroux, 1979), 307.

- 현재 "완벽한 폭풍" 속을 지나는 중이라면, 자신이 긍정적으로든 부정적으로든 변화하고 있다고 느낍니까? 여기에 대해 자세히 이야기해 보십시오.

- 당신은 그런 변화들을 은혜의 한 형태로 바라볼 수 있습니까? 그렇다면 또는 그렇지 않다면 그 이유는 무엇입니까?

3. 때로는 우리의 행위가 인생의 폭풍을 불러오기도 하고, 때로는 폭풍이 변덕을 부리는 것처럼 보이기도 합니다.

- 인생의 폭풍 속에서 하나님의 은혜에 매달리기에 앞서 고백해야 할 무언가가 있습니까?

- 당신이 경험하는 것의 일부는 하나님의 경고를 무시한 데 따른 결과입니까?

- 만약 폭풍이 변덕을 부리는 것이라면, 당신으로 하여금 하나님의 평안을 누리지 못하게 하는 무언가가 있습니까?

4. 불안하고 절망적인 시기는 하룻밤 사이에 잠잠해지는 폭풍이 아닙니다. 절망적인 시기는 몇 년 동안 계속될 수 있습니다. 찬송가 585장 "내 주는 강한 성이요"를 불러 보십시오. 마르틴 루터(이 찬송가의 작사가)와 바울, 다니엘 그리고 헤아릴 수 없이 많은 사람들은 "완벽한 폭풍" 속에서 살아남는 유일한 길은 방패와 병기를 소유하는 것임을 알았습니다.

- 당신의 방패와 병기는 무엇입니까? 당신에게는 변화를 요구하는 이 불안정한 시기에 의지할 무언가가 있습니까?

- 당신이 꼭 붙들던 기둥이 당신의 무게를 이기지 못하고 무너져 내린 적이 있습니까?

평안을 택하기

5. 예수님을 따르는 사람들은 예수님이 그들의 방패와 병기가 되신다는 것을 압니다. 하지만 보다 구체적으로는 하나님의 평안이 곧 방패이고 병기입니다. 하나님의 평안은 견고하고 확실하며, 하나님을 믿는 모든 사람들에게 약속되어 있습니다.

• 당신이 처한 상황에서 하나님의 평안을 느낀다면 어떨 것 같습니까?

• 하나님의 평안을 경험한 적이 있습니까? 만약 없다면, 당신이 평안을 누리지 못하도록 방해하는 것이 무엇이라고 생각합니까?

• 하나님의 평안을 경험한 적이 없다면, 그럼에도 당신은 하나님의 평안이 존재한다고 믿습니까?

6. 구해도 받지 못하면 거부당한 것처럼 느껴집니다. 고통을 겪는 상황에서 거부당하면 더 견디기 힘듭니다. 다음 질문들 중 마음에 와 닿는 것이 있습니까?

• 기도 응답을 받지 못했습니까? 하나님이 당신의 기도에 묵묵부답이십니까?

• 기도와 기도 응답 사이에서 헤매고 있습니까? 사탄이 방해하고 있다고 느낍니까?

• 그렇다면 계속해서 그리스도 안에서 답을 찾고자 합니까?

다양한 선택지를 생각해 보십시오. 보다 희망적으로 보이는 다른 방법이 있습니까?

7. 이사야서 40장 31절을 읽으십시오.
- 당신의 상황에서 여호와를 앙망한다는 것은 무엇을 뜻합니까?

- 여호와를 앙망함으로써 새 힘을 얻는다면 앙망하는 것은 해볼 만한 가치가 있습니까?

8. 이 장에서 저자는 다음과 같이 조언합니다. "예배로 시작하라. 기도와 찬양으로 하나님 아버지께 나아가라. 두려움을 고백하라. 하나님의 백성들을 모으라. 얼굴을 하나님께로 향하라. 금식하라. 하나님의 도우심을 구하라. 스스로의 연약함을 인정하라. 그런 다음 하나님께서 움직이시면 당신도 움직이라. 하나님이 당신을 위해 싸우시기를 기대하라. 하나님은 당신의 다음 호흡만큼이나 가까이 계시다."
- 위 인용문에서 행동과 관련된 조언을 열거하십시오.

- 하나님이 움직이시기를 바라면서도 하나님께 그렇게 해달라고 청하지 않는 것은 아닙니까?

- 하나님의 도우심을 간구하지 않고 시름에 잠겨 있습니까?

- 당신의 상황에 하나님이 더 깊이 개입하시기를 바란다면 어떻게 해야 할까요?

- 인생의 매 순간이 하나님께 속했음을 확신하려면 무엇이 필요합니까?

- 이 장을 다시 읽으면서 하나님이 폭풍을 멎게 하신 이야기들을 찾아보십시오. 이 이야기들에 나오는 인물들이 자신의 이야기가 그렇게 끝날 것을 확신했다고 생각합니까?

이번 주에 날마다 이 장에 나오는 이야기들을 하나씩 떠올려 보십시오.

C ELEBRATE GOD'S GOODNESS
A SK GOD FOR HELP
L EAVE YOUR CONCERNS WITH HIM
M EDITATE ON GOOD THINGS

Meditate

4부 선한 것들을 생각하기

"가치가 있는 것들에 마음을 쏟으라" (빌 4:8, 쉬운성경)

8장

꼬리에 꼬리를 무는 부정적인 생각

: 무엇을 생각하고 있는지 생각하라

레베카 테일러는 13년이라는 짧은 생을 살아오면서 55회가 넘는 수술을 받고 약 1,000일간을 병원에 입원해 있었다.

레베카의 어머니 크리스틴은 딸의 병세에 대해 의사처럼 담담하게 말한다. 대부분의 어머니들은 아이가 전화기를 붙들고 있는 시간이 너무 길다느니 학교 급식이 어떻고 파자마 파티가 어떻다느니 하는 말들을 한다. 크리스틴도 그런 말들을 할 줄 알지만 그녀는 또한 백혈구나 스텐트 시술, 최근에는 뇌출혈 발작 같은 용어도 능숙하게 구사한다.

크리스틴은 블로그에 이렇게 썼다.

지난주에 새롭게 등장한 복병은 '뇌출혈 발작'이라는 말이었다. 여러 의사들에게서 열 번도 넘게 들은 이 말이 거듭거듭 뇌리에 들어와 박혀 내 머릿속은 온통 그 생각뿐이었다. 마치 정신적인 불구가 된 것 같았다.

그런데 마침 지난 주일부터 맥스 루케이도 목사님이 염려에 관한 연속 설교를 시작하셨다. 우리는 빌립보서 4장 6절 말씀을 살펴보았다. "아무것도 염려하지 말고, 모든 일을 오직 기도와 간구로 하고, 여러분이 바라는 것을 감사하는 마음으로 하나님께 아뢰십시오"(표준새번역).

나는 전에도 여러 번 그랬듯 내가 바라는 것을 주님께 아뢰었지만, '이번'에는 그 이상이 필요했다. 그래서 빌립보서 4장 8-9절 말씀을 길잡이 삼아 답을 찾았다.

"마지막으로 형제자매 여러분, 무엇이든지 참된 것과." 지금 이 순간 내 인생에 참된 것은 무엇인가? 그것은 온 식구가 함께 모여 저녁식사를 하는 복이다.

"무엇이든지 경건한 것과." 병실 바깥에서 서로의 존재를 기뻐하는 복이다.

"무엇이든지 옳은 것과." 두 아들이 일상적인 삶을 경험하는 복.

"무엇이든지 순결한 것과." 세 아이 모두 웃으며 뛰노는 복.

"무엇이든지 사랑스러운 것과." 레베카가 밤에 편안히 잠든 모습을 보는 복.

"무엇이든지 명예로운 것과." 모두가 한 팀이 되어 지칠 줄 모르고 레베카를 돌보는 복.

"또 덕이 되고." 기적이 펼쳐지는 것을 보는 복.

"칭찬할 만한 것을." 찬양 받으시기에 합당한 주님을 예배하는 복.

"이 모든 것을 여러분은 골똘히 생각하십시오."

나는 그렇게 했다. 그러자 '뇌출혈 발작'이라는 무서운 말은 이제 내 삶에서 기쁨을 앗아가지 못하게 되었다. 뇌출혈 발작이라는 말의 염려를 자아내는 힘이 무력화된 것이다. 그리고 '바로 그 순간' 내게 주어진 풍성한 복을 생각할 때 "모든 지각에 뛰어난 하나님의 평강이" 그리스도 예수 안에서 내 마음과 생각을 지키셨다. 그것은 진정한 그리고 예기치 못한 기적이었다. 감사합니다, 주님.[1]

크리스틴이 무엇을 했는지 알아차렸는가? '뇌출혈 발작'이라는 말이 크리스틴의 삶에 먹구름처럼 드리워졌지만, 그녀는 그 무시무시한 단어가 그녀의 삶에서 기쁨을 앗아가는 것을 중단시켰다.

크리스틴은 생각을 다스림으로써 그렇게 했다. 당신이 생각을 다스리는 것을 알 수도 있지만, 만약 모른다면 여기 좋은 소식이 있다. 바로 당신은 당신이 생각하는 대상을 선택할 수 있다는 것이다.

당신은 당신이 태어난 장소나 날짜를 선택할 수 없다. 부모 형제를 선택할 수도 없고, 날씨나 바닷속 염분의 농도를 정할 수도 없다. 이렇듯 인생에는 선택의 여지가 없는 것들이 많다. 그러나 인생의 가장 큰 부분을 차지하는 활동은 선택이 가능하다. 당신은 당신이 생각하는 대상을 선택할 수 있다.

당신은 당신의 마음이라고 하는 공항의 관제사가 될 수 있다. 관제탑에 앉아 생각이라고 하는 항공기의 이착륙을 조정할 수 있다.

---

1) 허락받고 사용함.

생각은 공중을 선회하며 오고 간다. 그중 하나가 착륙하면 당신이 착륙을 허가했기 때문이고, 이륙하면 당신이 이륙을 허가했기 때문이다. 당신은 사고 패턴을 선택할 수 있다.

그래서 옛 현인은 "무엇보다도 네 마음을 지켜라. 그것이 바로 복된 삶의 샘이다"(잠 4:23, 공동번역)라고 말했다. 내일 행복해지기 원하는가? 그렇다면 오늘 행복의 씨앗을 뿌리라. (당신이 누리는 복을 세어 보라. 성경 구절을 암송하라. 기도하라. 찬송가를 부르라. 밝고 긍정적인 사람들과 시간을 보내라.) 내일 비참해지기를 원하는가? 그렇다면 오늘 자기 연민이나 죄책감, 염려의 늪에 빠지라. (최악의 상황을 가정하라. 자책하라. 후회를 곱씹으라. 매사에 부정적인 사람에게 불만을 이야기하라.) 생각에는 결과가 따른다.

염려에서 벗어나려면 건강한 생각을 해야 한다. 문제는 문제 상황이 아니라 문제 상황을 바라보는 방식이다.

사탄은 이것을 안다. 사탄은 늘 우리 마음을 어지럽게 한다. 그는 두려움과 염려만을 실은 비행기로 하늘을 가득 채운다. 그리고 그 비행기들이 우리 마음에 착륙해 그 냄새 나는 화물을 부리도록 우리를 설득하는 데 최선을 다한다. 사탄은 "도둑질하고 죽이고 멸망시키려는"(요 10:10) 도둑처럼 온다. 사탄이 욥을 다 괴롭혔을 즈음 욥은 병들고 고독했다. 사탄이 유다를 유혹하는 일을 끝마쳤을 즈음 유다는 스스로 목숨을 끊었다. 사탄이 흰개미라면 소망은 떡갈나무와도 같다. 사탄은 당신을 안에서부터 갉아먹을 것이다.

사탄은 당신을 해가 안 드는 곳으로 데려다 놓은 후 이 세상은 창문이 없고 빛이 들어올 가능성도 없는 곳이라는 확신을 주고자 할 것이다. 과장되고 부풀려지고 불합리한 생각을 주입하는 것이 사탄의 특기이다.

'나를 사랑하는 사람은 아무도 없을 거야.'
'나는 끝났어.'
'내 편은 아무도 없어.'
'나는 살을 빼지 못할 거야, 빚더미에서 헤어 나오지 못할 거야, 친구를 사귀지 못할 거야……'

이 얼마나 안타깝고 터무니없는 생각인가! 해결 불가능한 문제는 없다. 구제받지 못할 인생은 없다. 그런 인생으로 결정된 사람은 아무도 없다. 사랑받지 못하거나 사랑받을 만하지 않은 사람은 아무도 없다. 그러나 사탄은 우리 스스로가 그런 사람이라고 생각하기를 바란다. 사탄은 우리를 염려와 부정적인 생각들 속에 놓아 두고 싶어 한다.

사탄은 모든 거짓된 것들의 주인이다. 그러나 우리 마음의 주인은 아니다. 당신에게는 사탄이 이길 수 없는 힘이 있다. 당신에게는 하나님이 계시다.

그러므로 "무엇이든지 참된 것과, 무엇이든지 경건한 것과, 무엇이든지 옳은 것과, 무엇이든지 순결한 것과, 무엇이든지 사랑스러운 것과, 무엇이든지 명예로운 것과, 또 덕이 되고 칭찬할 만한 것을, 이 모든 것을 여러분은 골똘히 생각"(빌 4:8, 표준새번역)하라. 여기서 '생각하다'에 해당하는 헬라어 '로기조마이'의 영어 음역은 'logizomai'다. 영어 어근이 보이는가? 그렇다, '논리적'이라는 뜻의 'logic'이다. 바울이 하고자 하는 말은 간단하다. 바로 염려는 명료하고 논리적인 생각으로 가장 잘 다스릴 수 있다는 것이다.

염려에 맞설 가장 좋은 무기는 우리의 두 귀 사이에 있는 것으로, 무게가 약 1킬로그램에 불과하다. 당신이 무엇을 생각하는지 생각하라.

예를 들어 보자. 당신은 병원에서 걸려온 전화를 받는다. 검사 결과가 나왔으니 와서 설명을 들으라는 간단한 내용이다.

당신은 "오!" 하고 말하며 염려와 믿음 중 하나를 선택한다.

염려는 이렇게 말한다.

"아무래도 문제가 생긴 것 같아. 하나님은 왜 내게 안 좋은 일들만 일어나게 하시는 거지? 내가 벌을 받는 걸까? 내가 무언가 잘못한 게 틀림없어."

"이런 경우는 대개 결과가 좋지 않아. 우리 집안에는 중병에 걸린 사람이 여럿 있었지. 이제 내 차례가 된 거야. 암일 수도 있고 관절

염이나 황달일 수도 있어. 시력을 잃는 것은 아닐까? 최근에 시야가 흐릿했던 게 마음에 걸려. 설마 뇌종양은 아니겠지?"

"아이들은 누가 돌보지? 병원비는 또 어떻게 마련하고? 나는 빈털터리가 되어 외롭게 죽어갈 거야. 죽기에는 아직 이른 나이인데! 누구도 나를 이해하거나 도울 수 없어."

이런 식의 생각들을 하다 보면 병에 걸리지 않았어도 의사를 만날 즈음에는 생병을 얻고 말 것이다. "근심이 사람의 마음에 있으면 그것으로 번뇌하게 된다"(잠 12:25).

그러나 보다 좋은 방법이 있다.

어머니나 배우자, 이웃, 친구에게 전화하기에 앞서 하나님께 말씀드리는 것이다. "모든 생각을 사로잡아 그리스도에게 복종하게 하라"(고후 10:5). 생각에 수갑을 채워 예수 그리스도께 끌고 가라.

'예수님, 이 염려와 부정적인 생각이 제 마음에 들어왔습니다. 이것이 주님으로부터 온 것인가요?'

오직 진실만을 말씀하시는 예수님이 대답하신다. "아니다. 사탄아, 거기서 나오거라." 그리고 마음이라는 공항의 관제사인 당신은 그 생각에 휘둘리기를 거부한다.

성경에 나오는 약속들을 떠올리고, 그 약속의 말씀들을 굳게 붙들라. 사탄에게 틈을 주지 말라. 사탄의 거짓말에 속지 말라. "진리로 너희 허리띠를 띠라"(엡 6:14). 과장하거나 부풀리고자 하는 충동에 저항하라. 다만 사실에 초점을 맞추라. 이 상황에서 사실은 병원에서 전화가 걸려왔다는 것이다. 사실은 검사 결과가 좋을 수도 있고 좋지 않을 수도 있다는 것이다. 당신이 아는 전부는 의사가 당신의 건강을 위해 애쓰고 있다는 것이고, 당신이 할 수 있는 전부는 기도하고 믿는 것이다.

그래서 당신은 그렇게 한다. 당신은 걱정으로 무거운 마음이 아니라 믿음에 의해 가벼워진 마음으로 의사를 만나러 간다.

자, 이제 당신은 둘 중 어느 쪽을 택하겠는가?

이 책의 원고를 교정보던 주에 이 장의 내용을 나 자신에게 적용할 기회가 생겼다. 우리 부부는 장인어른의 상태가 나빠지셨다는 전화를 받았다. 장인어른은 몇 달째 울혈성 심부전과 치매를 앓고 계셨다. 83세인 장인어른은 몇 달 전 장모님이 돌아가신 후 줄곧 건강이 악화되고 있었다.

의사는 장인어른의 심장이 몇 주밖에 못 버틸 거라고 했다. 장인어른은 우리 집에서 차로 다섯 시간 거리에 있는 요양원에 계셨는데, 데날린은 장인어른을 집으로 모셔 오고 싶어 했다. 우리는 자세한 상황을 알아보기 위해 요양원으로 차를 몰았다. 가서 보니 들은 대로였다. 장인어른은 매우 허약해진 데다 정신이 맑았다 흐렸다 했다. 누군가 24시간 옆에서 돌보아 드려야 했는데, 요양원에서는 그게 불가능했다.

그날 밤 호텔 방에서 나는 데날린에게 그녀의 생각이 옳았다고 말했다. 우리는 장인어른을 집으로 모셔 와야 했다.

그렇게 결정이 난 이후로 나는 몹시 걱정이 되었다. 다른 가족들은 장인어른을 맞을 준비로 부산했지만 나는 두려움의 미궁 속에 갇혀 있었다. 집에 노인 환자가 있는 데서 오는 여러 가지 변화가 눈에 선했다. 간병인, 병원 침대와 산소호흡기, 화장실 문제, 한밤중의 호출…….

어찌나 염려와 씨름했던지 잠자리에 들 즈음에는 녹초가 되었다. 밤에 자다 깨다를 반복하다 일어나서 하나님께 그리고 나 자신에게 말했다. "이제 제가 설교한 내용을 실천할 때입니다."

나는 생각을 사로잡는 일에 착수했다. 먼저 내가 누리는 복의 리스트를 작성했다. 시편 103편 2절 말씀이 떠올랐다. "내 영혼아 여호와를 송축하며 그의 모든 은택을 잊지 말지어다." 나는 문제에 골몰하기보다는 하나님의 임재를 나타내는 것들을 하나씩 꼽아보기로 했다.

예를 들어 나는 트레일러를 렌트해야 했다. 그런데 렌터카 업체 사장이 내 친구의 친구였다.

금요일 오후에는 급하게 트레일러에 견인 장치를 설치해야 했다. 그런데 두 번째로 전화한 가게에 '마침' 견인 장치가 있어서 제때 설치할 수 있었다.

장인어른 댁 잔디를 깎는 사람에게 보수를 지급해야 했는데, 내가 장인어른 댁을 둘러보러 간 날 '마침' 그 사람이 집 앞에 차를 주차하고 있었다.

장인어른을 돌볼 의사와 간병인이 필요했는데, 내가 전화한 병원의 의사가 흔쾌히 응해 주었고 간병인도 구할 수 있었다.

장인어른이 몰던 차를 사겠다는 사람이 나타났다.

장인어른이 요양원에서 사용하던 가구를 처분해야 했는데, 요양원 측에서 가구가 필요한 사람을 소개해 주었다.

나는 이런 것들 하나하나를 하나님의 임재와 복의 증거로 받아들이기로 했다. 잿빛 구름이 조금씩 걷히고 파란 하늘이 보이기 시작했다. 나는 모든 지각에 뛰어난 하나님의 평강을 맛보았다고 정직하게 말할 수 있다.

크리스틴도 동일한 평안을 경험했다. 최근에 그녀와 가족들은 레베카의 주치의를 만나러 미네소타로 돌아갔다. 레베카는 7개월 전만 해도 간신히 생명을 유지하고 있었지만 열세 살 생일을 하루 앞둔 지금은 생기가 넘친다. 놀랍게도 체중이 13킬로그램이나 늘었고 상태가 점점 좋아지고 있다. 레베카는 병원에서 '걸어다니는 기적'이라 불린다.

크리스틴은 이렇게 썼다. "나는 경외감을 가지고 조용히 이 상황을 지켜보았다. 모든 게 순조로울 때는 하나님을 찬양하는 일이 쉽다. 그러나 내가 하나님의 임재를 온몸으로 느낀 때는 내가 가장 힘들 때였다. 그리고 가슴이 무너져 내리는 매 순간, 나는 하나님을 신뢰하는 법을 배웠다. 하나님은 우리가 상상할 수 없는 고통 중에 있을 때 상상할 수 없는 힘을 주신다."[2]

하나님은 당신에게도 도움의 손길을 베푸실 것이다. 당신의 생각을 지키고 하나님 아버지를 신뢰하라.

---

[2] 허락받고 사용함.

혼돈에 맞서기

1. 우리는 태어난 장소나 날짜, 부모 형제, 오늘의 날씨 등은 선택할 수 없지만 인생의 가장 큰 부분을 차지하는 활동, 즉 우리가 무엇을 생각할지는 선택할 수 있습니다.

- 당신은 생각을 통제하기 힘듭니까?

- 언제 생각을 통제하고 있다고 느낍니까? 당신의 경험을 이야기해 보십시오.

2. 당신은 생각이 흘러가는 대로 가게 둡니까?

- 당신이 생각을 감독하지 않을 때 생각은 어디로 향합니까?

- 그런 뒤에는 어떤 기분이 듭니까?

3. 우리는 날마다 우리 머릿속을 차지하기 위해 떨어지는 정보의 폭격을 맞고 있습니다. 휴대폰과 SNS, 광고 등 콘텐츠의 홍수가 끊임없이 이어집니다. 이런 것들을 멀리하고 진리에 초점을 맞추어야 함을 알면서도 당신이 몰두하게 되는 것은 무엇입니까?

- 당신은 왜 그런 선택을 합니까?

- 생각 지키기를 소홀히 할 때 심적 육적으로 어떤 영향을 받습니까?

4. 당신은 다음 문장에 동의합니까? "문제는 문제 상황이 아니라 문제 상황을 바라보는 방식이다."

- 동의한다면 또는 동의하지 않는다면 그 이유는 무엇입니까?

- 다음 문장의 빈칸을 채우십시오.
문제는 _____가 아니라 내가 그것을 생각하는 _____이다.

평안을 택하기

5. 빌립보서 4장 8–9절을 다시 읽고 바울이 어떤 것들에 우리의 생각을 집중하라고 하는지 적어 보십시오.

- 당신이 염려하는 것은 '참된' 것입니까?

- 그것은 실제로 일어난 일입니까, 아니면 일어날'지도' 모르는 일입니까?

- 만약 실제로 일어난 일이 아니라면 그 일에 대해 생각하지 마십시오!

6. 당신이 염려하는 것이 실제로 일어난 일이라면 다른 '참된' 것들의 목록을 작성해 보십시오.

- 당신은 어떤 일들에 더 우선순위를 두고자 합니까?

- 성령님은 당신이 그렇게 하도록 어떻게 도우십니까?

7. 당신은 나쁜 소식을 들었을 때 누구를 찾아갑니까? 세 명 이상 꼽아 보십시오.

- 그 목록에 하나님이 있습니까? 그렇다면 몇 번째입니까?

- 이는 하나님이 당신의 문제를 해결하실 수 있으며 당신의 기도를 듣고 싶어 하신다는 당신의 믿음에 대해 무엇을 말해 줍니까?

8. 시편 8편과 121편을 읽으십시오.
- 하나님과 관련해 특별히 마음에 와 닿는 구절이 있습니까?

- 때로는 우리가 안고 있는 문제들이 하나님보다 더 커 보일 때가 있습니다. 어떻게 하면 당신의 걱정거리가 하나님의 권능에 비추어 적절한 크기로 줄어든 상태에서 하루를 시작할 수 있을까요?

9. 오늘 당신을 괴롭히는 걱정거리들을 적고 다음과 같은 기도와 함께 주님 앞으로 가지고 나아오십시오. "예수님, 이 염려와 부정적인 생각이 제 마음에 들어왔습니다. 이것이 주님으로부터 온 것인가요?" 주님께로부터 온 것이 아닌 생각은 모두 없애 달라고 예수님께 청하십시오.

9장

그리스도인답게 살아야 한다는 부담

: 하나님께 붙어 있는 데 목표를 두라

농부 존스는 포도원에 문제가 생겼음을 알아차렸다. 나무들이 열매는 안 맺고 신음만 하는 것이다. 잎이 시들고 덩굴이 축 늘어져 있었다. 옆에 있던 로건베리가 일제히 한숨을 내쉬었다.

농부는 잠시 귀를 기울이고는 포도를 키우는 사람들이 하는 일을 하기로 했다. 포도나무와 대화를 나누기로 한 것이다. 주인과 포도나무 사이의 대화에는 나름의 절차가 있다. 농부는 줄지어 늘어선 포도나무들 가운데 의자를 가져다 놓고는 밀짚모자를 벗고 앉아서 말했다. "얘들아, 왜 이렇게 축 늘어진 거지? 이렇게 우울해할 줄은 몰랐는데?"

처음에는 아무런 대답이 없었다. 그러나 잠시 후 가느다란 가지 하나가 입을 열었다.

"더는 못 하겠어요! 아무리 힘을 주어도 포도가 맺히지 않아요." 다른 가지들이 고개를 끄덕이자 잎사귀들이 춤을 추었다.

"건포도 한 알도 맺지 못하겠는걸요." 가지들 중 하나가 말했다.

"저를 열매 맺지 못하는 가지라고 불러 주세요." 다른 가지가 외쳤다.

"제가 어리석은 말을 하더라도 용서하세요." 또 다른 가지가 말했다. "하지만 저는 너무 힘들어요. 어찌나 피곤한지 절로 비명이 나올 지경이에요."

농부 존스는 고개를 가로저으며 한숨을 내쉬었다. "너희들이 불행한 것도 당연해. 자신의 본분을 잊고 너희가 할 수 없는 것을 하려고 애쓰니 말이야. 포도를 맺으려고 애쓰는 것을 그만두려무나. 너희가 할 일은 포도나무에 붙어 있는 거야. 포도나무에 꼭 붙어 있을 때 어떤 일이 일어나는지 보면 놀랄걸."

대화가 너무 억지스러운가? 농부와 포도나무 사이의 대화라면 이상한 게 사실이다. 그러나 하나님 아버지와 그 자녀들 사이의 대화라면 어떨까? 하나님은 한꺼번에 무수한 신음소리를 들으실 게 분명하다.

"저는 영적인 실패자예요."

"제가 맺은 열매라고는 두려움이 전부인걸요."

"말할 수 없는 평안이요? 저는 지금 말할 수 없는 혼란 가운데 있다고요!"

우리 중에는 '열매 맺지 못하고 염려로 가득한'이라는 표현이 잘 어울리는 사람이 너무나 많다. 물론 우리는 그런 사람이 되기를 원치 않는다. 우리는 다음과 같은 바울의 권면을 따르고 싶어 한다. "무엇이든지 참된 것과, 무엇이든지 경건한 것과, 무엇이든지 옳은 것과, 무엇이든지 순결한 것과, 무엇이든지 사랑스러운 것과, 무엇이든지 명예로운 것과, 또 덕이 되고 칭찬할 만한 것을, 이 모든 것을 여러분은 골똘히 생각하십시오"(빌 4:8, 표준새번역).

우리는 엄숙한 얼굴로 다짐한다. '오늘 나는 오직 참되고, 경건하고, 올바르고…… 칭찬할 만한 것들만 생각할 거야. 아무리 힘들어도 말이지.' 그러나 이런 생각은 부담으로 작용할 수 있다. 모든 생각이 참되고, 경건하고, 올바르고, 순결하고, 사랑스럽고, 명예롭고, 덕이 되고, 칭찬할 만해야 한다는 의무감으로 다가올 수 있다.

과연 누가 이렇게 할 수 있을까?

고백하건대 나는 그렇게 못 할 것 같다. 시도한 적은 있다. 어떤 생각이 떠오르면 그 생각을 위의 성경 말씀에 대입해 보았다. '참되고, 경건하고, 순결하고…… 그다음에는 뭐였지?' 새롭게 떠오른 생각을 여덟 가지 덕목으로 걸러내기는커녕 그 여덟 가지 덕목을 기억하는 것조차 쉽지 않았다. 어쩌면 당신은 할 수 있을지 모른다. 만약 그렇다면 이 장을 읽지 않고 건너뛰어도 좋다. 그러나 그렇지 못하다면 여기 보다 간단한 방법이 있다.

목표를 그리스도께 붙어 있는 데 두라. 그리스도 안에 거하라. 그리스도는 참되고, 경건하고, 올바르고, 순결하고, 사랑스럽고, 명예롭고, 덕이 되고, 칭찬할 만한 분이 아니신가?

예수님은 이렇게 말씀하셨다.

내 안에 거하라 나도 너희 안에 거하리라 가지가 포도나무에 붙어 있지 아니하면 스스로 열매를 맺을 수 없음 같이 너희도 내 안에 있지 아니하면 그러하리라 나는 포도나무요 너희는 가지라 그가 내 안에, 내가 그 안에 거하면 사람이 열매를 많이 맺나니 나를 떠나서는 너희가 아무 것도 할 수 없음이라 사람이 내 안에 거하지 아니하면 가지처럼 밖에 버려져 마르나니 사람들이 그것을 모아다가 불에 던져 사르느니라
너희가 내 안에 거하고 내 말이 너희 안에 거하면 무엇이든지 원하는 대로 구하라 그리하면 이루리라 너희가 열매를 많이 맺으면 내 아버지께서 영광을 받으실 것이요 너희는 내 제자가 되리라 아버지께서 나를 사랑하신 것 같이 나도 너희를 사랑하였으니 나의 사랑 안에 거하라 내가 아버지의 계명을 지켜 그의 사랑 안에 거하는 것 같이 너희도 내 계명을 지키면 내 사랑 안에 거하리라 (요 15:4-10).

예수님의 비유는 간단하다. 하나님은 포도원 주인과 같다. 그분은 포도나무에서 최상의 것을 끌어내고자 하신다. 하나님은 양분을 공급하고, 가지를 치고, 복을 주신다. 하나님의 목표는 한 가지다. 바로 '열매를 맺게 하려면 어떻게 할 것인가?' 하는 것이다. 하나님은 세심하게 포도원을 돌보는 유능한 농부이시다.

그리고 예수님은 포도나무 역할을 하신다. 포도를 재배한 적 없

는 우리는 포도나무와 가지를 잘 구분하지 못할 수 있다. 포도나무를 보려면 가느다랗고 구불구불한 가지에서 시선을 아래로 옮겨 두꺼운 부분을 보면 된다. 포도나무는 뿌리와 밑동이다. 그것은 흙 속의 양분을 가지에 전달한다. 예수님은 자신이 참된 생명의 근원이라는 놀라운 말씀을 하셨다. 만약 우리 삶에 무언가 좋은 게 유입된다면 그것은 예수님을 통해 유입된 것이다.

그러면 우리는 무엇인가? 우리는 가지다. 우리는 "사랑과 희락과 화평과 오래 참음과 자비와 양선과 충성"(갈 5:22)의 열매를 맺는다. 우리는 "무엇이든지 참된 것과⋯⋯ 경건한 것과⋯⋯ 옳은 것과⋯⋯ 순결한 것과⋯⋯ 사랑스러운 것과⋯⋯ 명예로운 것과⋯⋯ 덕이 되고 칭찬할 만한 것을"(빌 4:8, 표준새번역) 생각한다. 우리의 관용은 모두에게 알려지며, 우리는 "모든 지각에 뛰어난 하나님의 평강"(빌 4:7)을 누린다.

우리가 그리스도께 붙어 있으면 하나님께서 영광을 받으신다. "너희가 열매를 많이 맺으면 내 아버지께서 영광을 받으실 것이요 너희는 내 제자가 되리라"(요 15:8).

하나님 아버지는 포도원을 돌보시고 예수님은 가지에 양분을 공급하신다. 우리는 그 양분을 흡수하여 열매를 맺는다. 길을 가던 사람들은 사랑과 은혜와 평화의 열매로 가득한 바구니를 보고 놀라 포도원 주인이 누구인지 묻지 않을 수 없고, 그때 하나님께서 영광

받으신다. 이런 이유에서 열매 맺는 것은 하나님께 중요하다.

그리고 당신에게도 중요하다! 당신은 불안해하는 것에 지쳤다. 더는 불면의 밤을 보내고 싶지 않다. 아무것도 염려하고 싶지 않다. 성령의 열매를 맺고 싶다. 그러나 어떻게 해야 성령의 열매를 맺을 수 있는가? 더 열심히 노력해야 하는가?

아니다. 예수님께 더 꼭 붙어 있으면 된다. 우리의 과제는 열매를 맺는 것이 아니라 굳건한 믿음을 간직하는 것이다. 열매를 맺고 근심 없이 사는 비결은 행위보다는 존재 양식과 관련이 있다.

우리가 이 점을 놓칠까 봐 예수님은 '거하다'라는 단어를 총 일곱 개의 성경 구절에서 아홉 번 사용하셨다.

> 내 안에 **거하라** 나도 너희 안에 **거하리라**… 나는 포도나무요 너희는 가지라 그가 내 안에, 내가 그 안에 **거하면** 사람이 열매를 많이 맺나니 나를 떠나서는 너희가 아무 것도 할 수 없음이라 사람이 내 안에 **거하지** 아니하면 가지처럼 밖에 버려져 마르나니… 너희가 내 안에 **거하고** 내 말이 너희 안에 **거하면** 무엇이든지 원하는 대로 구하라 그리하면 이루리라… 나의 사랑 안에 **거하라** 내가 아버지의 계명을 지켜 그의 사랑 안에 **거하는** 것 같이 너희도 내 계명을 지키면 내 사랑 안에 **거하리라**(요 15:4-10, 강조는 저자 추가).

"와서 내 안에 거하라."고 예수님은 초청하신다. "내 집을 네 집처럼 여기라."

당신은 어딘가를 내 집처럼 여긴다는 게 어떤 뜻인지 알 것이다.

- 내 집처럼 여긴다는 것은 안전하게 느낀다는 뜻이다. 집은 안전한 피난처다.
- 내 집처럼 여긴다는 것은 편안하다는 뜻이다. 집에서는 잠옷 바람에 슬리퍼 차림으로 돌아다녀도 괜찮다.
- 내 집처럼 여긴다는 것은 익숙하다는 뜻이다. 내 집에서는 주방에 갈 때 설계도를 볼 필요가 없다.

우리의 목표(유일한 목표)는 그리스도 안에 거하는 것이다. 그리스도는 길가의 공원이나 호텔 방이 아니라 우리의 항구적인 주소지이시다. 그리스도는 우리의 집이고 피난처이시다. 우리는 그리스도의 임재 안에서 편안함을 느끼며 진정한 우리 자신이 되는 자유를 누린다. 그분 안에 있을 때 우리는 우리의 갈 길을 안다. 우리는 그리스도의 마음과 그분의 방식을 안다.

우리는 그리스도 안에서 쉼을 얻고 양분을 공급받는다. 그리스도의 은혜의 지붕은 우리를 죄책감의 폭풍으로부터 보호해 주고, 그분의 섭리의 벽은 우리를 파괴적인 바람으로부터 지켜 준다. 그분의 벽난로는 인생의 쓸쓸한 겨울에 우리를 따뜻하게 해준다. 우리는 그리스도의 집에 머물며 결코 그곳을 떠나지 않는다.

가지는 결코 포도나무를 떠나지 않는다. 절대로! 가지가 일주일에 딱 한 번, 주일에만 와서 양분을 얻는가? 그랬다가는 굶어 죽을 것이다. 건강한 가지는 결코 포도나무를 떠나지 않는다. 포도나무에서 하루 24시간 양분을 공급받기 때문이다.

만약 가지들이 세미나를 연다면 주제는 '포도나무에 잘 붙어 있는 비결'이 될 것이다. 그러나 가지들은 세미나를 열지 않는다. 세미나에 참석하려면 포도나무를 떠나야 하는데, 그것은 그들이 원하는 바가 아니다. 가지의 주된 임무는 포도나무에 붙어 있는 것이다.

제자의 주된 임무도 마찬가지이다.

우리 그리스도인들은 종종 이 점을 놓치고는 한다. 우리는 "세상을 변화시키고" "그리스도를 위해 무언가를 하고" "사람들을 주님께 인도하기 위해" 노력한다. 그러나 이런 것들은 그리스도 중심적인 생활의 부산물일 뿐이다. 우리의 목표는 열매 맺는 것이 아니라 그리스도께 붙어 있는 것이다.

이런 장면을 떠올리면 도움이 될 것이다. 아버지가 네 살짜리 아들을 데리고 사람들로 붐비는 거리를 지날 때 그는 아들의 손을 잡고 "내 손을 꼭 잡으렴." 하고 말한다. 그는 지도를 외우라거나 차가 오면 재빨리 피하라거나 집에 가는 길을 찾을 수 있는지 보자고 말하지 않는다. 좋은 아버지는 아들에게 '손을 꼭 잡고 있을 것' 한 가지만 요구한다.

하나님도 우리에게 그렇게 하신다. 그러므로 해야 할 일들의 목록으로 스스로에게 짐을 지우지 말라. 그 일들을 못 할지도 모른다는 두려움으로 염려를 키우지 말라. 당신의 목표는 미래에 대해 자세히 아는 게 아니라, 결코 당신의 손을 놓지 않으실 하나님의 손을 꼭 잡는 것이다.

켄트 브랜틀리는 그렇게 했다.

브랜틀리는 라이베리아에서 에볼라 바이러스와 싸우는 의료 선교사였다. 에볼라는 수천 명의 사람들을 죽음으로 몰아넣었다. 지구촌의 다른 모든 사람들처럼 브랜틀리는 에볼라에 감염되었을 때 결과가 어떠한지 알고 있었다. 그는 에볼라에 감염된 환자 십여 명을 담당한 터였다. 그는 에볼라의 증상(고열, 설사, 구토)을 알고 있었고, 처음으로 자신에게서 그 증상을 느꼈다.

동료들이 그의 혈액을 채취해서 검사하기로 했다. 그러나 결과를 알기까지는 사흘이 걸렸다. 2014년 7월 23일 수요일 저녁, 브랜틀리는 스스로를 집 안에 격리한 채 결과를 기다렸다. 그의 아내와 가족들은 바다 건너에 있었고 동료들은 그의 집에 들어올 수 없었다. 그는 말 그대로 철저히 혼자였다.

브랜틀리는 성경을 펴고 히브리서의 한 대목을 묵상했다. 그리고 일기에 이렇게 썼다. "하나님의 안식에 들어가리라는 약속은 여전히 유효하다. 그러니 포기하지 말자. 안식에 들어가기 위해 온 힘을 다하자."[1]

브랜틀리는 '온 힘을 다하자'라는 말에 대해 한참 생각했다. 그는 자신이 그렇게 하리라는 것을 알았다. 그런 다음 그는 히브리서의 같은 장에 나오는 다른 구절에 주목했다. "그러므로 우리는 긍휼하심을 받고 때를 따라 돕는 은혜를 얻기 위하여 은혜의 보좌 앞에 담대히 나아갈 것이니라"(히 4:16). 브랜틀리는 이 구절을 기도 일기에 옮겨 쓰고는 '담대히'라는 단어에 밑줄을 그었다.[2]

그리고 일기장을 덮고 기다렸다. 그다음 3일간은 이루 말할 수 없는 불안 속에 보냈다. 검사 결과는 두려워했던 대로였다. 브랜틀리는 에볼라에 감염된 것이다.

토요일 오후 브랜틀리가 아내 앰버에게 전화했을 때 앰버는 고향인 텍사스 주 애빌린에 있었다. 그녀는 아이 둘을 데리고 친정에 가 있었다. 휴대폰이 울리자 앰버는 조용한 곳을 찾아 서둘러 침실로 향했다. 브랜틀리는 곧장 핵심으로 들어갔다. "검사 결과가 나왔는데, 양성이야."

---

1) Kent and Amber Brantly with David Thomas, *Called for Life: How Loving Our Neighbor Led Us into the Heart of the Ebola Epidemic* (Colorado Springs, CO: WaterBrook, 2015), 97.

2) Brantly, *Called for Life*, 97.

앰버는 눈물을 흘렸다. 그들은 대화를 나누었지만 얼마 지나지 않아 브랜틀리는 피곤하다며 나중에 다시 전화하겠다고 말하고는 전화를 끊었다.

이제 앰버가 이 소식을 받아들여야 할 차례였다. 앰버와 그녀의 부모님은 침대 가장자리에 앉아서 울었다. 그리고 잠시 후, 앰버는 밖으로 나와 들판을 가로질러 커다란 나무의 나지막한 가지에 걸터앉았다.

그녀는 어떻게 기도해야 할지 몰라 어렸을 때 배운 찬송가 가사로 기도를 대신했다.

오 신실하신 주 내 아버지여
늘 함께 계시니 두렴 없네
그 사랑 변찮고 날 지키시며
어제나 오늘이 한결같네[3]

이 노랫말 덕분에 기분이 좀 나아진 그녀는 평소에 좋아하던 또 다른 찬송가를 부르기 시작했다.

---

3) Thomas Obediah Chisholm, "Great Is Thy Faithfulness," hymnal.net, https://www.hymnal.net/en/hymn/h/19. ("오 신실하신 주", 새찬송가 393장)

> 주 떠나가시면 내 생명 헛되네
> 기쁘나 슬플 때 늘 계시옵소서
> 기쁘고 기쁘도다 항상 기쁘도다
> 나 주께 왔사오니 복 주옵소서[4]

나중에 앰버는 이렇게 썼다. "나는 남편이 죽을 거라고 생각했다. 고통스럽고 두려웠다. 그렇지만 무엇이라 기도해야 할지 모를 때 이 찬송가들로 인해 의미 있는 방식으로 하나님께 붙어 있을 수 있었다."[5]

브랜틀리는 아프리카에서 애틀랜타로 이송되었다. 의료진은 아직 검증되지 않은 치료법을 시도하기로 했다. 브랜틀리는 서서히 상태가 호전되었고, 며칠이 지나자 다시 힘이 돌아오는 게 느껴졌다. 그가 완치되어 퇴원하게 되었을 때에는 온 세계가 기뻐하는 듯했다.

브랜틀리는 에볼라만큼이나 치명적이고 전염성 강한 또 다른 질병, 염려와의 싸움에서도 승리를 거두었다. 브랜틀리와 앰버는 그 누구보다 더 극한 공포에 휩싸일 만했지만 그들로 하여금 에볼라와 싸우게 해준 바로 그 결의로 염려와 싸웠다. 그들은 포도나무에 붙

---

4) Annie S. Hawks, "I Need Thee Every Hour," http://cyberhymnal.org/htm/i/n/ineedteh.htm. ("주 음성 외에는", 새찬송가 446장)

5) Brantly, *Called for Life*, 115.

어 있었다. 그들은 그리스도 안에 거하기로 마음먹었다. 브랜틀리는 성경을 펼쳤고, 앰버는 찬송가 가사를 묵상했다. 두 사람은 하나님의 진리로 마음을 채웠다.

예수님은 우리에게도 그렇게 하라고 가르치신다. 그분은 꽤 갑작스럽게 이렇게 말씀하신다. "목숨을 위하여 무엇을 먹을까 무엇을 마실까 몸을 위하여 무엇을 입을까 염려하지 말라"(마 6:25).

그리고 이어서 '보라'와 '생각하여 보라'는 두 가지 명령을 하신다. 예수님은 우리에게 "공중의 새를 보라"(마 6:26)고 말씀하신다. 공중의 새를 볼 때 우리는 새가 얼마나 행복해 보이는지 알게 된다. 새는 얼굴을 찌푸리지도, 까다롭게 굴지도, 언짢아하지도 않는다. 수면 부족으로 보이거나 외로워 보이지도 않는다. 새는 노래하며 날아오른다. 그렇지만 새는 "심지도 않고 거두지도 않고 창고에 모아들이지도 않는다"(26절). 새는 트랙터를 몰거나 밀을 수확하지도 않는다. 그래도 하늘 아버지의 보살핌을 받지 않느냐고 예수님은 우리에게 물으신다.

그런 다음 예수님은 우리의 시선을 들판에 핀 꽃으로 향하게 하신다. "들의 백합화가 어떻게 자라는가 생각하여 보라"(28절). 새처럼 꽃도 아무 일도 하지 않는다. 꽃은 잠시 피었다 지지만 하나님은 아름다운 옷을 입히신다. 역사상 가장 부유한 왕, 솔로몬조차도 "입은 것이 이 꽃 하나만 같지 못하였다"(29절).

어떻게 해야 염려에서 벗어날 수 있을까?

마음속에 하나님에 대한 생각을 채우면 된다. 새와 꽃도 돌보아 주시는 하나님이 우리를 돌보지 않으시겠는가? 당신의 마음이 하나님의 선하심으로 흠뻑 젖게 하라. "위의 것을 생각하고 땅의 것을 생각하지 말라"(골 3:2).

어떻게 하면 그렇게 될 수 있을까?

최근에 한 친구가 내게 자신이 출퇴근하는 데 걸리는 90분간을 어떻게 사용하는지 이야기해 주었다.

"90분이라고요?" 내가 말했다.

"너무 안쓰러워 마세요." 그녀는 미소를 지었다. "나는 그 시간에 하나님을 생각한답니다."

그녀는 한 시간 반 동안 어떻게 하나님을 예배하는지 들려 주었다. 그녀는 성경 오디오북을 듣고 기도를 한다고 했다. 그러면 직장에 도착할 즈음 일을 시작할 준비가 된다고. "나는 출퇴근 시간을 예배 시간으로 바꾸어 놓았답니다."

당신도 그렇게 해보라. 하루 중 일정 시간을 하나님께 드리는 것이다. 어쩌면 당신은 TV 뉴스를 끄고 성경을 펼칠 수 있을 것이다. 아니면 아침에 15분 일찍 일어나 성경을 읽거나, 밤에 잠들기 전에 코미디 프로를 시청하는 대신 신앙서적 오디오북을 들을 수 있을 것이다.

"너희가 내 말에 거하면 참으로 내 제자가 되고 진리를 알지니 진리가 너희를 자유롭게 하리라"(요 8:31-32).

두려움에서 자유로워지라. 그리고 염려에서 자유로워지라.

혼돈에 맞서기

1. 우리 문화는 성과중심주의로 특징지어집니다. 직업이라든가 학업, 취미 등 결과에 초점이 맞추어지는 것입니다. 우리는 무언가에 대해 생각할 때 그것이 어디에 좋고 어떤 결과를 가져올지 알고 싶어 합니다.

- 당신은 예수님과 함께하는 삶에 대해서도 이런 식으로 생각합니까? 당신이 어떻게 생각하는지 이야기해 보십시오.

- 때때로 예수님을 따르는 것이 또 다른 부담으로 다가옵니까? 그렇다면 또는 그렇지 않다면 그 이유는 무엇입니까?

2. 이 장을 읽은 후 당신은 예수님을 따르는 삶에 어떤 식으로 접근해야 한다고 생각하게 되었습니까?

3. 염려를 극복하는 것도 중요하지만 이 장에는 또 다른 목표(우리가 이 땅에 사는 목적을 말해 주고 보다 큰 그림을 상기시키는 목표)가 언급되어 있습니다. 그것이 무엇인지 알겠습니까? 힌트가 필요하다면 요한복음 15장 8절을 보십시오. 때때로 우리는 스스로 정한 영적인 의무들을 보다 단순화시킬 필요가 있습니다.

- 누가복음 10장 39-42절을 읽고 예수님이 마르다에게 하신 말씀에 주목하십시오.

- 예수님은 우리 안에서 무엇을 보고 싶어 하십니까?

- 요한복음 15장 8절과 누가복음 10장 39-42절을 참고하여 당신 인생의 가장 중요한 목표를 말해 보십시오.

- 예수님이 당신의 마음을 들여다보실 때 한 가지에만 초점을 맞추신다는 사실을 알고 나니 염려가 조금 줄어드는 것 같습니까?

평안을 택하기

4. 빌립보서 4장에는 다양한 권면의 말씀이 나옵니다. 당신은 이 모든 것을 하고 싶겠지만, 그렇게 하다가는 지치고 말 것입니다. 고통과 상실, 상처, 염려만으로도 힘든데 남은 힘을 다해 이 모든 것을 하고 또 염려에서 자유로운 삶을 사는 것은 당신이 할 수 있는 일이 아닙니다. 이제부터는 질문에 대답하는 대신 아래의 성경 구절들을 음미해 봅시다. 말씀으로부터 힘을 얻고, 이 말씀을 활용해 그리스도 안에 거하는 연습을 하십시오.

내 안에 거하라 나도 너희 안에 거하리라…… 나는 포도나무요 너희는 가지라 그가 내 안에, 내가 그 안에 거하면 사람이 열매를 많이 맺나니 나를 떠나서는 너희가 아무 것도 할 수 없음이라 사람이 내 안에 거하지 아니하면 가지처럼 밖에 버려져 마르나니…… 너희가 내 안에 거하고 내 말이 너희 안에 거하면 무엇이든지 원하는 대로 구하라 그리하면 이루리라……
아버지께서 나를 사랑하신 것 같이 나도 너희를 사랑하였으니 나의 사랑 안에 거하라 내가 아버지의 계명을 지켜 그의 사랑 안에 거하는 것 같이 너희도 내 계명을 지키면 내 사랑 안에 거하리라 내가 이것을 너희에게 이름은 내 기쁨이 너희 안에 있어 너희 기쁨을 충만하게 하려 함이라(요 15:9-11).

그러므로 내가 너희에게 이르노니 목숨을 위하여 무엇을 먹을까 무엇을 마실까 몸을 위하여 무엇을 입을까 염려하지 말라 목숨이 음식보다 중하지 아니하며 몸이 의복보다 중하지 아니하냐 공중의 새를 보라 심지도 않고 거두지도 않고 창고에 모아들이지도 아니하되 너희 하늘 아버지께서 기르시나니 너희는 이것들보다 귀하지 아니하냐 너희 중에 누가 염려함으로 그 키를 한 자라도 더할 수 있겠느냐 또 너희가 어찌 의복을 위하여 염려하느냐 들의 백합화가 어떻게 자라는가 생각하여 보라 수고도 아니하고 길쌈도 아니하느니라 그러나 내가 너희에게 말하노니 솔로몬의 모든 영광으로도 입은 것이 이 꽃 하나만 같지 못하였느니라 오늘 있다가 내일 아궁이에 던져지는 들풀도 하나님이 이렇게 입히시거든 하물며 너희일까보냐 믿음이 작은 자들아

그러므로 염려하여 이르기를 무엇을 먹을까 무엇을 마실까 무엇을 입을까 하지 말라 이는 다 이방인들이 구하는 것이라 너희 하늘 아버지께서 이 모든 것이 너희에게 있어야 할 줄 아시느니라 그런즉 너희는 먼저 그의 나라와 그의 의를 구하라 그리하면 이 모든 것을 너희에게 더하시리라 그러므로 내일 일을 위하여 염려하지 말라 내일 일은 내일이 염려할 것이요 한 날의 괴로움은 그 날로 족하니라 (마 6:25-34).

나가는 글   예수님도 염려와 싸우셨다

새벽 두시 반이다. 당신은 잠이 오지 않는다. 베개를 두드려 보기도 하고 담요의 주름을 펴보기도 한다. 이쪽으로 돌아누워도 보고 저쪽으로 돌아누워도 본다. 그러나 어떻게 해도 소용이 없다. 다른 사람들은 다 잔다. 당신의 배우자는 꿈나라에 가 있고, 애완견은 당신의 발치에서 몸을 동그랗게 말고 잔다. 모두들 자는데 당신만 뜬눈으로 밤을 지새운다.

여섯 시간 뒤면 당신은 새로운 직장으로, 새로운 사무실로, 새로운 세계로 걸어 들어갈 것이다. 당신은 영업팀의 신입사원으로 일하게 될 것이다. 당신은 이것이 잘한 결정인지 어떤지 몰라서 고민스럽다. 이런저런 생각을 하며 시간이 가기를 기다려도 시간은 좀처럼 가지 않는다. 경제 상황은 안 좋고, 경쟁은 날이 갈수록 심해진다. 게다가 당신은……

- 23세로, 대학을 막 졸업한 사회 초년생이다.
- 33세로, 두 아이를 둔 가장이다.
- 43세로, 다니던 회사가 구조조정에 들어가 일자리를 잃었다.

- 53세로, 커리어를 바꾸기에 이상적인 나이는 아니다.
- 63세로, 은퇴 후 계획과 손자들을 돌보는 문제로 고민이다.

나이와 상관없이 당신은 무수한 의문에 시달릴 것이다. 내가 생계를 해결할 수 있을까? 친구를 사귈 수 있을까? 방을 얻을 수 있을까? 소프트웨어 프로그램을 배울 수 있을까? 영업 일을 배울 수 있을까? 화장실을 제대로 찾아갈 수 있을까?

뒷목에 경련이 인다. 갑자기 불안해진다. '오 이런, 종양이 생겼나 봐. 할아버지처럼 말이야. 할아버지는 1년간 화학요법을 하느라 고생하셨지. 화학요법을 하면서 과연 새로운 직장에 다닐 수 있을까? 화학요법에 보험이 적용될까?'

이런 생각이 캔자스 대평원을 훑고 지나가는 토네이도처럼 당신의 마음을 휘젓는다. 토네이도는 남아 있던 약간의 평안마저 쓸어간다. 디지털 시계의 초록빛 숫자가 어둠 속 유일한 빛이고, 또 사실상 인생의 유일한 빛이다. 다시 한 시간이 경과한다. 당신은 베개에 머리를 파묻는다. 울고 싶다.

이 모든 염려는 무엇을 의미하는가? 이 모든 두려움과 걱정, 초조, 근심은 무엇을 의미하는가?

그것은 다만 당신이 인간이라는 뜻이다.

그것은 당신이 어리석거나 악령에 사로잡혔거나 실패자라는 뜻이 아니다. 당신의 부모가 좋은 부모가 아니라거나 당신이 좋은 자녀가 아니라는 뜻이 아니다. 그리고 이 점이 중요한데, 당신이 그리스도인이 아니라는 뜻도 아니다.

그리스도인도 염려와 싸운다. 예수님도 염려와 싸우셨다! 겟세마네 동산에서 예수님은 이 잔을 지나가게 해달라고 세 번 기도하셨다(마 26:36-44). 심장이 어찌나 격렬하게 요동쳤던지 모세혈관이 터져서 땀이 핏방울 같이 되었다(눅 22:44). 예수님은 염려하셨다.

그러나 계속해서 염려하지는 않으셨다. 예수님은 두려움을 하늘 아버지께 맡기고 믿음으로 지상에서의 사명을 완수하셨다.

예수님은 우리가 염려에서 벗어나도록 도와주실 것이다. 우리에게는 염려의 협곡에서 빠져나갈 수 있는 길이 있다. 하나님은 바울의 펜을 사용해 지도를 그려 보이셨다.

주 안에서 항상 기뻐하라 내가 다시 말하노니 기뻐하라 너희 관용을 모든 사람에게 알게 하라 주께서 가까우시니라 아무 것도 염려하지 말고 다만 모든 일에 기도와 간구로, 너희 구할 것을 감사함으로 하나님께 아뢰라 그리하면 모든 지각에 뛰어난 하나님의 평강이 그리스도 예수 안에서 너희 마음과 생각을 지키시리라 끝으로 형제들아 무엇에든지 참되며 무엇에든지 경건하며 무엇에든지 옳으며 무엇에든지 정결하며 무엇에든지 사랑받을 만하며 무엇에든지 칭찬받을 만하며 무슨 덕이 있든지 무슨 기림이 있든지 이것들을 생각하라(빌 4:4-8).

사람들은 염려를 주제로 한 보다 실제적이고 강력하고 영감에 찬 글귀를 찾는 데 열심이다. 위의 성구는 의사결정나무와 비슷한 데가 있다. 의사결정나무는 거꾸로 된 나무 모양의 도표로, 각 선택지를 고를 때 나타나는 결과를 보여 준다. 바울의 조언도 비슷한 형식을 띤다.

당신은 걱정나무를 안다. 우리는 너무나 많은 시간을 걱정나무의 흔들리는 가지에 매달려 변화와 혼돈의 바람을 맞으며 보냈다. 예전에 하나님은 불안해하는 왕의 걱정을 덜기 위해 이사야를 보내신 적이 있다. 당시 왕과 백성들은 어찌나 두려웠던지 "왕의 마음과 그 백성의 마음이 숲이 바람에 흔들림 같이 흔들렸다"(사 7:2). 그들은 걱정나무로 가득한 숲속에 있었던 듯하다. 그때 하나님이 이사야에게 다음과 같은 말씀을 주셨다. "그(아하스)에게 이르기를 너는 삼가며 조용하라…… 두려워하지 말며 낙심하지 말라"(4절).

걱정나무는 과수원에 있는 유일한 나무가 아니다. 과수원에는 평안나무도 있다. 평안나무는 튼튼하고, 넓은 그늘을 드리우며, 당신을 넉넉하게 품는다. 여기 평안나무를 사용하는 방법이 있다.

하나님으로부터 시작하라.

먼저……

하나님의 선하심을 찬양하라(Celebrate). "주 안에서 항상 기뻐하라 내가 다시 말하노니 기뻐하라"(빌 4:4). 문제 상황에서 시선을 돌려 잠시 하나님을 바라보라. 문제 상황에 골몰해 보았자 득 될 게 없다. 문제를 들여다보면 볼수록 문제가 더 커질 뿐이다. 그러나 하나님을 바라보면 볼수록 문제는 더 빨리 적절한 크기로 줄어든다. 이것이 바로 시편 기자의 전략이었다.

> 내가 산을 향하여 눈을 들리라
> 나의 도움이 어디서 올까
> 나의 도움은 천지를 지으신 여호와에게서로다(시 121:1-2).

"눈을 들리라"는 구절에서 글쓴이의 의도가 보이는가?

문제 상황을 생각하지 말라. 문제 상황에 시선을 향해 보았자 아무것도 얻지 못한다. 그러나 주님께 시선을 향할 때 우리는 모든 것을 얻는다.

이것이 베드로가 폭풍이 이는 갈릴리 바다에서 터득한 것이다. 베드로는 어부였기에 거대한 파도가 작은 배를 어떻게 집어삼키는지 알았다. 물 위를 걸어오시는 예수님을 보고 베드로가 배에서 내린 이유도 그 때문일 것이다.

베드로가 대답하여 이르되 주여 만일 주님이시거든 나를 명하사 물 위로 오라 하소서 하니 오라 하시니 베드로가 배에서 내려 물 위로 걸어서 예수께로 가되 바람을 보고 무서워 빠져 가는지라 소리 질러 이르되 주여 나를 구원하소서(마 14:28-30).

그리스도의 얼굴에 시선을 고정했을 때 베드로는 불가능한 일을 해냈다. 그러나 폭풍 쪽으로 시선을 돌리자 바위처럼 바다 속으로 가라앉았다. 만약 당신이 가라앉는 중이라면 그것은 당신이 엉뚱한 곳을 바라보기 때문이다.

하나님이 당신의 상황을 주관하시는가? 하나님이 문제 상황보다 더 강하신가? 하나님께 당신의 의문에 대한 답이 있는가? 성경에 따르면 답은 '그렇다, 그렇다, 그렇다!'이다! "하나님은 복되시고 유일하신 주권자이시며 만왕의 왕이시며 만주의 주이시다"(딤전 6:15). 하나님이 우주 만물의 주권자시라면 당신이 처한 상황 또한 하나님이 주관하지 않으시겠는가?

하나님의 자비는 어떠한가? 하나님의 은혜는 당신의 죄를 덮을 만큼 큰가? 이번에도 답은 '그렇다'이다! "그리스도 예수 안에 있는 자에게는 결코 정죄함이 없나니"(롬 8:1).

주 안에서 기뻐하라. 이것이 첫 번째 단계이다. 급하다고 이 단계를 지나치지 않도록 하라. 문제를 보기에 앞서 하나님을 보라.

그런 다음에……

하나님의 도우심을 구하라(Ask). "너희 구할 것을…… 하나님께 아뢰라"(빌 4:6). 두려움은 우리로 절망하게 하거나 기도하게 한다. 현명한 선택을 하라.

하나님은 "환난 날에 나를 부르라"(시 50:15)고 말씀하셨다. 예수님은 "구하라 그리하면 너희에게 주실 것이요 찾으라 그리하면 찾아낼 것이요 문을 두드리라 그리하면 너희에게 열릴 것"(마 7:7)이라고 말씀하셨다. '아마도'나 '어쩌면' 또는 '거의' 그럴 것이라 말씀하지 않으셨다. 예수님은 당신이 구하면 듣겠다고 분명하게 말씀하셨다.

그러므로 구하라! 염려가 문을 두드리면 "예수님, 여기에 대해 대답해 주지 않으시겠습니까?" 하고 말씀드리라. 당신이 구하는 것을 한 문장으로 요약하라. "우리에게 일용할 양식을 주시옵고"(마 6:11)라고 기도하도록 가르치신 예수님을 흉내 내라. 구체적으로 기도하라. 약속의 토대 위에서 기도하라. 하나님의 약속이라는 단단한 기초 위에 서라. "은혜의 보좌 앞에 담대히 나아가라"(히 4:16).

그런 다음에는……

하나님께 염려를 맡기라(Leave). 하나님이 알아서 하시게 하라. 하나님이 그토록 하시고자 하는 일을 하시게 하라. "그리스도 예수 안에서 너희 마음과 생각을 지키시게"(빌 4:7) 하라.

전자제품의 수리를 맡겨본 적 있는가? 토스터가 고장 났다거나 전자레인지가 작동을 멈췄다거나 한 적이 있는가? 당신은 고치려고 애썼지만 잘되지 않았다. 그래서 전문가에게 가지고 갔다. 당신은 무엇이 문제인지를 설명한 뒤……

- 옆에 앉아서 수리하는 것을 돕겠다고 제안했다.
- 작업 테이블 근처를 어슬렁거리며 일이 얼마나 진전되었는지 한 번씩 물었다.
- 작업장 바닥에 침낭을 깔고 누워 수리 기사가 일하는 것을 지켜보았다.

이 중 하나라도 한 적이 있다면 당신은 고객과 수리 기사의 관계를 이해하지 못하는 것이다. 당신이 할 일은 간단하다. 그냥 전문가에게 맡기면 된다. 하나님과의 관계에서도 마찬가지다. 당신의 문제를 하나님께 맡기라. "내가 믿는 자를 내가 알고 또한 내가 의탁한 것을 그 날까지 그가 능히 지키실 줄을 확신함이라"(딤후 1:12).

하나님은 우리의 도움이나 조언, 협조가 필요하지 않으시다. (이 말을 따라 해보라. "나는 이제부터 우주의 통치자 자리에서 물러나겠습니다.") 우리가 관여해야 할 때가 되면 하나님이 알려주실 것이다. 불안한 마음을 감사한 마음으로 바꾸라. 하나님은 감사를 진지하게 받으신다.

감사는 우리로 하여금 현재에 집중하게 한다.

성경에서 '염려'를 뜻할 때 쓰는 가장 일반적인 헬라어는 '메림나테'(*merimnate*)이다. 이 말의 어원은 '메림나오'(*merimaō*)인데, '나누다'라는 뜻의 동사와 '마음'이라는 뜻의 명사가 합쳐진 말이다.[1] 염려하면 마음이 나뉜다. 염려는 우리의 생각과 에너지, 집중력을 토막 낸다. 염려는 주의를 분산시키고, 의식을 사방팔방으로 흩어놓는다.

우리는 과거에 대해(우리가 한 말과 행동에 대해) 걱정하고, 미래에 대해(내일 해야 할 일이나 10년 뒤의 발전상에 대해) 걱정한다. 염려는 우리의 관심을 현재로부터 빼앗아 과거나 미래로 향하게 한다.

그러나 문제 상황에 초점을 맞추지 않으면 머릿속에 생각할 여분의 공간이 생겨난다. 그 공간을 잘 활용하도록 하라.

그런 다음에……

선한 것들을 생각하라(Meditate). "끝으로 형제들아 무엇에든지 참되며 무엇에든지 경건하며 무엇에든지 옳으며 무엇에든지 정결하

---

1) Spiros Zodhiates, ed., *Hebrew-Greek Key Word Study Bible: Key Insights into God's Word, New International Version* (Chattanooga, TN: AMG Publishers, 1996), #3534, p. 2093.

며 무엇에든지 사랑받을 만하며 무엇에든지 칭찬받을 만하며 무슨 덕이 있든지 무슨 기림이 있든지 이것들을 생각하라"(빌 4:8). 불안하고 부정적인 생각이 당신의 마음을 휘젓고 다니지 못하게 하라. 당신은 상황을 컨트롤할 수 없지만 상황에 대해 어떻게 생각할지는 컨트롤할 수 있다.

내가 살면서 가장 힘들었던 순간 중 하나는 조지아 주 돌턴의 한 식당에서 그날 일을 돌아보았을 때이다. 당시 나는 열아홉 살의 대학교 1학년생으로, 여름방학을 맞은 지 일주일쯤 되었고, 고향에서 약 1,600킬로미터 떨어진 곳에 있었다. 전날 밤에는 구세군에서 운영하는 쉼터에서 잤는데, 2층 침대 위쪽에서 자던 술 취한 남자가 침대 바깥에 대고 구토를 했다. 만약 향수가 물이라면 나는 뼛속까지 향수에 젖었을 것이다.

나는 돈도 벌고 새로운 경험도 할 요량으로 친구 두 명과 함께 책을 방문 판매하는 아르바이트를 할 계획이었다. 그런데 판매 교육을 받는 동안 친구들은 집으로 돌아가 버리고 나 혼자 남았다. 실제로 책을 팔러 나가 보니 방문 판매원을 반기는 집은 한 군데도 없었다. 첫날의 결과는 비참했다.

"안녕하세요, 저는 맥스······." 쾅.

"안녕하세요, 저는 맥스······." 쾅.

"안녕하세요, 저는 맥스······." 쾅.

이튿날도 나을 게 없었다. 나는 뱀의 배보다도 낮아졌다. 식당에 들어가 상처 입은 자아를 다독이며 햄버거를 먹었다. 계산을 하고 나오는데 간판대에 내놓은 냉장고 자석이 눈에 들어왔다. 노란색 고무를 덧씌운 레몬 모양의 자석에 '삶이 그대에게 레몬을 주거든 레모네이드를 만들라'(레몬은 실망스러운 것을 비유적으로 일컫는 말이다.-역주)고 쓰여 있었다.

평범하고 진부하기까지 한 문구였지만 나로서는 처음 듣는 말이었다. 그 말은 내가 일을 계속하게 하기에 충분했다. 나는 그 자석을 사서 내가 몰던 73년식 플리머스 더스터의 계기판에 붙여 놓았다. 그러고는 낙심이 될 때마다 엄지손가락으로 고무로 된 레몬을 문지르며 생각했다. '나는 비참한 기분에 빠질 수도 있지만 레모네이드를 만들 수도 있어.'

사람들은 여전히 문을 쾅 닫았고 나도 여전히 내가 이 먼 곳까지 와서 대체 뭐하고 있는 건가 하는 생각이 들었다. 그러나 포기하지 않고 일을 계속했다.

그때로부터 40년이 지났다. 많은 것이 변했지만 삶이 우리에게 레몬을 준다는 사실만큼은 변하지 않았다.

물론 그해 여름에 내가 한 일은 당신이 받은 레몬에 비하면 아무것도 아닐 것이다. 얼마 전에 만난 한 할머니는 남편이 치매를 앓고 있어서 그의 차 키를 안 보이는 곳에 치워야 했다고 말했다. 혼자

아이를 키우는 한 여인은 마지막으로 숙면을 취했던 때가 언제였는지 기억이 나지 않는다고, 아이들을 키우는 데 들어가는 비용을 어떻게 마련해야 좋을지 걱정이라고 했다. 이혼한 뒤 몹시 힘들어하는 한 중년 남성은 과연 앞으로 행복한 가정을 꾸릴 수 있을지 모르겠다고 했다.

 삶은 여전히 레몬을 준다. 삶은 좋은 사람과 나쁜 사람에게 레몬을 주고, 나이 많은 사람에게도 레몬을 준다. 모든 사람에게 레몬을 준다. 삶은 우리에게 실망을 안긴다.

 그러나 우리가 반드시 레몬을 먹어야 할 필요는 없다.

 나는 이 같은 결심을 글로 쓴 적이 있다.

오늘, 나는 오늘을 살 것이다.
어제는 지나갔고
내일은 아직 오지 않았지만
내겐 오늘이 있다.
그러므로 오늘, 나는 오늘을 살 것이다.
어제와 똑같은 오늘을 살 것인가? 아니다.
나는 어제를 통해 배울 것이다.
어제에 대해 자비를 구하고
어제를 통해 기쁨을 누릴 것이다.

그러나 어제에 살지는 않을 것이다.

어제의 해는 졌고

내일의 해는 아직 떠오르지 않았다.

미래를 걱정하는가? 무슨 득이 있어서?

미래는 한 번 힐끗 보는 것으로 충분하다.

내일이 오기 전에는 내일을 변화시킬 수 없으니

오늘, 나는 오늘을 살 것이다.

오늘의 힘으로 오늘의 도전에 응하고

오늘의 음악에 맞춰 오늘의 왈츠를 출 것이다.

오늘의 소망으로 오늘의 기회를 기쁘게 누릴 것이다.

오늘.

    오늘 웃고, 듣고, 배우고, 사랑할 수 있기를! 그리고 내일이 오면 또 오늘처럼 웃고, 듣고, 배우고, 사랑할 수 있기를!

    새 날이 당신을 기다린다. 염려는 줄고 신뢰는 늘어날 새로운 시기가 당신을 기다린다. 두려움이 줄고 믿음이 자라날 새로운 시기가 당신을 기다린다. 당신은 아무것도 염려하지 않는 삶을 상상할 수 있는가? 하나님은 상상하실 수 있다. 그리고 하나님의 도우심으로 당신은 그런 삶을 경험할 수 있다.

아무 것도 염려하지 말고 다만 모든 일에 기도와 간구로,
너희 구할 것을 감사함으로 하나님께 아뢰라
그리하면 모든 지각에 뛰어난 하나님의 평강이
그리스도 예수 안에서 너희 마음과 생각을 지키시리라
_ 빌립보서 4장 6-7절

혼돈에 맞서기

1. 염려와 씨름하는 당신의 모습은 스스로에 대한 시각에 어떤 영향을 미칩니까? 당신이 염려한다는 것은 무엇을 뜻합니까?

2. 예수님이 염려와 씨름하셨다는 생각을 한 적이 있습니까? 예수님이 지상에서 맞이한 가장 불안한 순간들을 어떻게 보내셨는지 누가복음 22장을 읽고 답하십시오.

- 이 본문을 읽고 염려와 씨름하는 당신에 대한 시각이 어떻게 달라졌습니까?

- 하나님이 염려와 씨름하는 당신의 모습을 어떻게 보실지에 대한 시각은 어떻게 달라졌습니까?

3. 예수님은 염려를 아주 잘 아셨지만 결코 염려 때문에 목표가 흔들리지는 않으셨습니다. 예수님은 염려가 있음을 인정하시고 하나님 아버지께 가지고 나오셨지만(눅 22:42) 예정된 의지와 논리에 기초해 행동하셨습니다. 그분은 갈보리로 향하셨습니다.

- 지난주를 돌아보십시오. 당신이 염려에 기초해 결정한 것은 무엇입니까? 두려움에 진 적은 없습니까? 구체적으로 이야기해 보십시오.

- 만약 당신이 염려를 인정하되 염려가 당신의 행동에 아무 영향을 미치지 못하도록 했다면 결과가 어떻게 달라졌을까요?

4. 당신은 염려하면서도 염려에 지배당하지 않는 삶을 살 수 있다고 진심으로 믿습니까?
    - 그렇다면 또는 그렇지 않다면 그 이유는 무엇입니까?

    - 염려가 고개를 들 때 당신은 어떻게 합니까?

평안을 택하기

5. "주 안에서 항상 기뻐하라 내가 다시 말하노니 기뻐하라"(빌 4:4). 바울은 우리에게 '하나님의 선하심을 찬양하라'고 말합니다.
    - 오늘 당신이 찬양해야 할 것은 무엇입니까?

- 당신 주변에서 사랑받을 만한 일이나 칭찬받을 만한 일을 찾는다면 무엇이 있습니까?

- 의사결정나무에서 기뻐하기를 선택한 결과는 무엇입니까?

6. "아무 것도 염려하지 말고 다만 모든 일에 기도와 간구로, 너희 구할 것을 감사함으로 하나님께 아뢰라"(6절). 바울은 '하나님의 도우심을 구하고' '우리 염려를 하나님께 맡기라'고 말합니다.

- 오늘 당신이 하나님의 도우심을 구하고자 하는 일은 무엇입니까? 하나님은 당신이 무엇을 생각하든 그것을 하나님께 아뢰기를 원하십니다. 하나님께 말씀드리기에 너무 작거나 너무 큰 것은 없습니다.

- 오늘 하나님 앞에 내려놓아야 할 것(부분적으로가 아니라 전적으로!)은 무엇입니까?

- 하나님의 도우심을 구하고 당신의 염려를 하나님께 맡긴 결과는 무엇입니까?

7. "끝으로 형제들아 무엇에든지 참되며 무엇에든지 경건하며 무엇에든지 옳으며 무엇에든지 정결하며 무엇에든지 사랑받을 만하며 무엇에든지 칭찬받을 만하며 무슨 덕이 있든지 무슨 기림이 있든지 이것들을 생각하라"(8절). 바울은 우리에게 '선한 것들을 생각하라'고 말합니다.

- 날마다 참되고 선하고 아름다운 것들을 생각하기 위해 당신이 할 수 있는 일은 무엇입니까?

- 선한 것들을 생각한 결과는 무엇입니까?

8. 이 장의 마지막 문단을 다시 읽어 보십시오. 그리고 저자의 결심문을 보고, 당신의 결심을 적어 보십시오. 현재를 사는 법을 배우고 또 날마다 당신에 대한 하나님의 사랑과 당신이 겪는 시련에 대한 하나님의 깊은 관심을 새롭게 의식하며 살기로 결심하고 이를 글로 써보십시오.

사명선언문

너희가 흠이 없고 순전하여······세상에서 그들 가운데 빛들로
나타내며 생명의 말씀을 밝혀 _ 빌 2:15-16

1. 생명을 담겠습니다
만드는 책에 주님 주신 생명을 담겠습니다.
그 책으로 복음을 선포하겠습니다.

2. 말씀을 밝히겠습니다
생명의 근본은 말씀입니다.
말씀을 밝혀 성도와 교회의 성장을 돕겠습니다.

3. 빛이 되겠습니다
시대와 영혼의 어두움을 밝혀 주님 앞으로 이끄는
빛이 되는 책을 만들겠습니다.

4. 순전히 행하겠습니다
책을 만들고 전하는 일과 경영하는 일에 부끄러움이 없는
정직함으로 행하겠습니다.

5. 끝까지 전파하겠습니다
모든 사람에게, 땅 끝까지, 주님 오시는 그날까지
복음을 전하는 사명을 다하겠습니다.

서점 안내

광화문점 서울시 종로구 새문안로 69 구세군회관 1층
02)737-2288(T) 02)737-4623(F)

강남점 서울시 서초구 신반포로 177 반포쇼핑타운 3동 2층
02)595-1211(T) 02)595-3549(F)

구로점 서울시 구로구 시흥대로 577 3층
02)858-8744(T) 02)838-0653(F)

노원점 서울시 노원구 동일로 1366 삼봉빌딩 지하 1층
02)938-7979(T) 02)3391-6169(F)

분당점 경기도 성남시 분당구 황새울로 315 대현빌딩 3층
031)707-5566(T) 031)707-4999(F)

일산점 경기도 고양시 일산서구 중앙로 1391 레이크타운 지하 1층
031)916-8787(T) 031)916-8788(F)

의정부점 경기도 의정부시 청사로47번길 12 성산타워 3층
031)845-0600(T) 031) 852-6930(F)

인터넷서점 www.lifebook.co.kr